Gut essen bei Kauprobler

Inge Uffelmann

Gut essen bei Kauproblemen

Tipps und leckere Rezepte

Urania

Die Deutsche Bibliothek – CIP-Einheitsaufnahme
Ein Titeldatensatz für diese Publikation ist bei
Der Deutschen Bibliothek erhältlich.
ISBN 3-332-01123-5

Umschlaggestaltung: Behrend & Buchholz, Hamburg
Titelbild: Deutsches Teigwaren-Institut
Fotos: Digital Vision (2), Photo Alto (2), Photo Disc (3), Project Photos (1)
DTP: Karolina Stuhec-Meglic
Redaktion: Dr. Magda Antonic
Eine Buchproduktion von MediText, Stuttgart

Druck: Westermann Druck Zwickau
Printed in Germany
Gedruckt auf alterungsbeständigem Papier und chlorfrei gebleichtem Zellstoff

03 02 01 00 6 5 4 3 2 1

ISBN 3-332-01123-5

Die Autorin:
Inge Uffelmann ist Lektorin, Redakteurin und Autorin zahlreicher Ratgeber. Ihr Buch entstand aus persönlicher Erfahrung.

Bei Urania erschienen:
Susanne Ahrndt: Verborgene Heilkräfte in der Nahrung. ISBN 3-332-00514-6
Dr. med. W. Brückle: Ist das Rheuma, was ich habe? ISBN 3-332-01013-1
Sally Edwards: Die Herzfrequenz-Methode. ISBN 3-332-00513-8
Monika Buttler: Die Kaukasus-Kost der Hundertjährigen. ISBN 3-332-00516-2

Inhalt

Vorwort

„Auch schlechter Borschtsch ist für den Zahnlosen eine Köstlichkeit“, soll ein russisches Sprichwort lauten. Nichts könnte verkehrter sein! Gerade für einen Menschen mit Bissproblemen ist schlecht zubereitetes Essen noch schlimmer als für den Esser mit funktionierendem Biss, denn der Mangel an Bissfähigkeit ist bereits Ärger und Geduldsprobe genug. Schließlich wird die Auswahl an geeigneten Nahrungsmitteln empfindlich eingeschränkt, da müssen nicht obendrein noch fader Geschmack oder ein appetithemmendes Aussehen der Speisen hinzukommen.

Ist es tatsächlich so schwierig, überhaupt etwas Schmackhaftes und Verlockendes für den Bisslosen zuzubereiten? Die meisten Menschen gehen davon aus, dass der Betroffene lediglich die Wahl zwischen Suppe und Brei habe und kulinarische Abwechslung deshalb für ihn schlicht ein Fremdwort sein müsse – stimmt das eigentlich?

Die Antwort lautet klar und eindeutig: Jein!

Seien wir ehrlich. Wir Betroffenen müssen schon auf sehr viele Genüsse verzichten. Dennoch ist unsere Situation nicht ganz so trostlos, wie manche Vollbezahnte glauben. Es lässt sich durchaus eine recht große Abwechslung erzielen. Das werden die Rezepte in diesem Buch zeigen. Und das Essen muss weder fad und langweilig aussehen noch so schmecken.

Vor allen Dingen muss aufgeräumt werden mit der irrigen Idee, man brauche für den Bissbehinderten bloß das gesamte Menü in den Mixer zu geben und einmal kräftig durchzupürieren, dann sei die Chose schon geritzt. Wer so denkt, hat ein solches Essen noch nie selbst probiert. Durch das Pürieren verändert sich der Geschmack vieler Speisen ganz erheblich, vom ungünstigen optischen Eindruck ganz zu schweigen. Der scharfzüngige Kurt Tucholsky brachte es auf den Punkt, als er schrieb: „Lungenhachee … das sieht aus wie: ‚Haben Sie das gegessen oder werden Sie das essen?‘“ Nun stellen Sie sich vor, alles, was Sie serviert bekommen, sieht wie Lungenhachee aus! Die Vorschläge dieses Buches wollen und sollen der Gefahr entgegenwirken, dass dies für Sie jemals Realität wird.

Wer nicht selbst von Bissproblemen geplagt ist, kann oft nicht nachvollziehen, wie es ist, nur mangelhaft oder gar nicht kauen zu können. Deshalb wird entweder alles so lange gekocht, bis es von selbst zerfällt, oder zum Pürierstab gegriffen.

Sofern keine Verletzungen, akute Beschwerden oder Operationswunden vorliegen, kann aber auch ein nicht mit allen Zähnen ausgestatteter Mensch noch recht viele Speisen am Stück bewältigen, denn er kann immer noch „mümmeln“ oder Speisen mit der Zunge am Gaumen zerdrücken.

Generell darf man von folgender Faustregel ausgehen: Alles, was man ohne Rückstand leicht durch ein Sieb passieren könnte, kann von diesen Betroffenen unpüriert bewältigt werden. Das ist z. B. mit einer gar gekochten Kartoffel möglich, nicht aber einem gar gekochten Champignon oder Spargel. Kartoffeln müssen nicht in Form von Brei auf den Teller kommen, denn man kann sie bei Tisch diskret Stück um Stück mit der Gabel zerdrücken und den Rest selbst im Mund erledigen. Vor dem Champignon müsste man kapitulieren. Vom Spargel könnte der Kopf ganz bleiben, nur der Rest sollte püriert in die Sauce wandern.

In jedem Fall sollten dem Bissbehinderten Speisen so serviert werden, dass sie wie ein normales Essen aussehen. An einem solchen Essen kann sich auch ein voll Bissfähiger mit Genuss beteiligen. Warum nicht einmal als Bissfähiger an einem Menü für den Bisslosen teilnehmen, statt dem Kaubehinderten das „normale“ Essen durch den Wolf zu drehen?

Sämtliche hier vorgestellten Rezepte kann man den Angaben getreu nachkochen. Natürlich lassen sich die angegebenen Mengen fast immer den individuellen Bedürfnissen entsprechend verringern oder vergrößern. Man kann – und sollte! – die Rezepte aber auch als Anregungen verstehen und sich zu Experimenten inspirieren lassen oder sich eigene Variationen ausdenken.

Ein * hinter der Überschrift eines Rezeptes bedeutet, dass für diese Zubereitung geringer Biss nötig ist, das heißt eine Kauleistung, wie sie beispielsweise mit einer provisorischen oder einer nicht sehr fest sitzenden Prothese zu erzielen ist.

Geräte, die Sie besitzen sollten

Cutter

Zum feinen Zerkleinern festerer Zutaten, ist entweder mit kleinem Becher als Zusatzteil zum Stabmixer zu haben oder Bestandteil einer größeren Küchenmaschine.

Fleischwolf

Empfehlenswert zum Zerkleinern von Fleischsorten, die der Metzger nicht zu Hackfleisch verarbeitet. Im Cutter oder Mixer werden Fleisch und Fisch lediglich zu zähem Brei zermahlen.

Passiersieb

Zum Passieren weicher oder vorgegarter Zutaten.

Stabmixer

Zum Pürieren von kleineren Mengen weicher oder vorgegarter Zutaten.

Standmixer

Zum Pürieren und Mixen. Der Standmixer sollte möglichst einen Mixbecher aus Glas haben, damit man heiße Suppen und Saucen pürieren kann (Plastik springt leicht). Die Schneidmesser sollten teilweise nach oben, teilweise nach unten gebogen sein, damit auch kleine Mengen erfasst werden.

Wichtige Techniken

Timbales zubereiten

Timbales werden aus einer pürierten Grundmasse unter Zusatz von Eiern und Sahne hergestellt. Man könnte sie auch Flan nennen, aber darunter versteht man gewöhnlich süße Desserts.

Man gart Timbales in kleinen Portionsförmchen oder einfach in feuerfesten Kaffeetassen, in größeren Souffléformen oder Terrinen.

Die Formen werden gut gebuttert, dann füllt man die Timbalemasse zu drei Viertel der Höhe ein. Die Masse hebt sich beim Garen. Am besten gart man die Timbales bei 180 °C (Umluft 150 °C) im Backofen. Dazu stellt man die gefüllten Formen in ein größeres, mit heißem Wasser gefülltes Gefäß und gibt dieses ins heiße Rohr. Man braucht die Formen nicht abzudecken.

Die zweitbeste Methode: Man stellt die mit Alufolie oder zugehörigem Deckel verschlossenen Formen in einen Topf mit etwas siedendem Wasser und gart sie zugedeckt auf der Herdplatte. Die Abdeckung verhindert, dass Kondenswasser in die Timbalemasse tropft.

Die Garzeit liegt je nach Größe der Form bei 25 bis 50 Minuten.

Kleine Timbales werden zum Servieren gestürzt. Das geht leichter, wenn man sie zunächst ein paar Minuten ruhen lässt. Große Timbales kann man wie Aufläufe oder Soufflés in der Form servieren.

Paprika häuten

Die gewaschenen ganzen (oder auch halbierten) Paprikaschoten unter den Grill legen und von allen Seiten rösten, bis die Haut schwarz wird und Blasen wirft. Die Schoten mit einem feuchten Küchentuch bedecken, ein wenig abkühlen lassen und dann die Haut abziehen.

Sie können die Schoten auch mit dem Sparschäler abschälen. Sie verlieren dabei aber mehr Fruchtfleisch. Außerdem sind die unter den Grill gelegten Schoten vorgegart und nicht mehr so fest.

Tomaten häuten

Die Tomaten oben kreuzweise einschneiden und kurz in kochendes Wasser geben. Wenn die Haut sich zu lösen beginnt, die Tomaten mit der Schaumkelle herausnehmen und abziehen.

Joghurt abtropfen lassen

Ein Sieb über eine Schüssel hängen und mit einer doppelten Lage Mulltuch auslegen. Den Joghurt hineingeben und 12 Stunden lang (oder über Nacht) abtropfen lassen. Während der letzten Stunde evtl. mit einem Gewicht beschweren.

Diese Methode funktioniert nur mit reinem Joghurt, nicht mit Joghurtzubereitungen.

Übrigens …

Wer längere Zeit nicht recht beißen und kauen kann und deshalb fast nur suppige und breiige Nahrung zu sich nimmt, bekommt zwangsläufig eine belegte Zunge, denn es fehlt der Zunge an der nötigen Abschilferung. Auch wenn die belegte Zunge absolut ungefährlich ist, so ist sie doch sehr unangenehm. Man hat bald ein pelziges Gefühl im Mund, und auch der Geschmack ist beeinträchtigt.

Medizinbücher raten, die Zunge täglich mit einem angefeuchteten Wattestäbchen oder einer weichen Zahnbürste zu reinigen oder den Mund mit Olivenöl auszuspülen. Das bringt meist nicht viel. Außerdem verursacht die Prozedur den meisten Menschen Brechreiz, wenn sie die Mitte oder den hinteren Teil der Zunge mit dem Wattestäbchen oder der Bürste bearbeiten. Und beim Öl genügt schon der bloße Gedanke, um die entsprechende Reaktion auszulösen.

Ich empfehle Ihnen eine weitaus angenehmere Lösung: Die leicht vorgestreckte Zunge mit einem Stückchen Würfelzucker betupfen oder sie sanft und vorsichtig damit abreiben.

Ein weiterer Tipp aus der Praxis: Harter Zwieback wird, wenn man ihn in Flüssigkeit taucht, viel weicher als

Brot, Brötchen, Einback oder andere weiche Backwaren, die sich lediglich mit Flüssigkeit vollsaugen, aber doch eine gewisse Zähigkeit behalten. Das gilt für normalen wie für Vollkornzwieback und ebenso für zarte Salzkräcker (Tuc), die es ebenfalls in einer Vollkornvariante gibt. Gebrockte Kräcker sind eine gute Alternative zu Croûtons. Doch sollte man sie zur Suppe essen, nicht direkt hineingeben, weil sie in der Flüssigkeit sehr schnell weich werden.

Knoblauch- und Zwiebelgeruch an den Händen lässt sich rasch und vollständig entfernen – und zwar mit Kaffeesatz. Einfach ein wenig Kaffeesatz aus dem Filter auf die feuchten Hände geben, verreiben und abwaschen – schon ist der Geruch weg.

Blanchierte Gemüse behalten ihre Farbe besonders gut, wenn man dem Blanchierwasser etwas Natron zusetzt. Außerdem sollte man blanchiertes Gemüse aus dem heißen Wasser sofort in eine Schüssel mit Eiswasser geben. Diese Behandlung lohnt sich vor allem dann, wenn man das Gemüse zu Timbales weiterverarbeitet. Das Gericht sieht dann weniger blaß aus als ein Timbale aus herkömmlich gekochten Gemüsen.

Braucht man nur wenige Tropfen Zitronensaft, so sticht man die Zitrone mit einem Schaschlikspieß oder einer Stricknadel an und presst ein paar Tropfen heraus. Zitronen, Orangen und Limetten geben mehr Saft, wenn man sie vor dem Auspressen über die Arbeitsfläche rollt.

Mit einer Einwegspritze mit Nadel – man bekommt sie in der Apotheke – kann man festen Speisen einen „Schuss" versetzen, also etwa eine gestürzte Creme oder einen Kloß, aber auch Fleisch aromatisieren.

Frische Kräuter sind nicht immer im Angebot. Erntefrisch verarbeitete Kräuter in Pflanzenöl, die es in kleinen Gläschen zu kaufen gibt, sind ein sehr würdiger Ersatz, den man immer zur Hand hat.

Kalte Vorspeisen, Zwischengerichte und Suppen

Auch wer nicht gut kauen und beißen kann, wird gelegentlich gern ein kleines Menü mit Vorspeise, Hauptgericht und Dessert zu sich nehmen. Hier finden sich Anregungen für kleine kalte und warme Vorspeisen. Die vorgeschlagenen Rezepte eignen sich aber auch für ein leichtes Abendessen oder eine kleine kalte oder warme Zwischenmahlzeit.

Wem es an Biss mangelt, der wird besonders oft auf Suppen zurückgreifen (müssen). Damit kein Überdruss aufkommt, sind hier ein paar Suppen vorgestellt, die nicht in jedem Kochbuch stehen. Neben leichten Suppen, die als Vorspeise oder Zwischenmahlzeit dienen, finden sich hier auch so genannte dicke Suppen, die eine sättigende Hauptmahlzeit ergeben.

Artischocken-Mousse

4–6 Portionen
2 hart gekochte Eier
1 Dose Artischockenböden (5–7 Stück)
3 TL kaltgepresstes Olivenöl
Salz, Cayennepfeffer

● Eier und Artischockenböden grob hacken, mit dem Öl in den Cutter oder Mixer geben und zu einer sämigen Paste verarbeiten, mit Salz und Cayennepfeffer abschmecken. Die Mousse in eine Form füllen und im Kühlschrank gut durchkühlen lassen.

Artischocken-Mousse: Sie eignet sich für einen gemischten Vorspeisenteller oder als Farce für gefüllte Paprika (s. S. 14).

Gorgonzola-Mousse

4–6 Portionen
100 g süße Sahne
200 g Gorgonzola, gewürfelt
1 EL fein gehacktes Basilikum
1 EL frisch geriebener Parmesan
weißer Pfeffer, Salz
ein Schuss Brandy nach Geschmack

● Die Sahne in einem Topf erhitzen, den Gorgonzola darin schmelzen lassen, Basilikum, Parmesan und Brandy zugeben, evtl. noch Pfeffer und Salz

Gorgonzola-Mousse: Statt Gorgonzola kann man andere Edelpilzkäse verwenden. Die Mousse eignet sich für einen Vorspeisenteller oder als Farce für gefüllte Paprika (s. S. 14).

(erst probieren, die Käse sind schon sehr salzig).

- Die Sauce in eine nicht zu große Form füllen, kalt und dabei fest werden lassen, mit einem Esslöffel Portionen abstechen.

Gemüse-Mousse mit Mascarpone

Gemüse-Mousse mit Mascarpone: Man kann eine passende Sauce (etwa Senf-, Curry- oder Kräuter-Zabaione, (s. S. 59f.) zu der Mousse reichen oder sie als Bestandteil eines Vorspeisentellers mit anderen Zubereitungen kombinieren.

4–6 Portionen

4 Blatt weiße Gelatine, in kaltem Wasser eingeweicht
2 große gelbe oder rote Paprikaschoten, gehäutet (s. S. 10)
$^1/_2$ TL Curry oder Paprikapulver oder etwas Cayennepfeffer
Salz, Pfeffer
200 g Mascarpone

- Das Fruchtfleisch der Paprika pürieren und nach Geschmack würzen.
- Die Gelatine im Wasserbad auflösen und unter das Gemüsepüree rühren. Wenn die Masse kalt ist, aber noch nicht stockt, den Mascarpone unterziehen. Die Masse in Förmchen füllen, im Kühlschrank etwa vier Stunden lang stocken lassen, dann stürzen.

Romanesco-Parfait

4–6 Portionen

500 g Romanesco, in Röschen geteilt
6 EL trockener weißer Wermut
1 Becher süße Sahne
5 Blatt Gelatine, in kaltem Wasser eingeweicht
Muskatnuss, Salz, weißer Pfeffer

- Die Romanesco-Röschen in kochendem Salzwasser fünf Minuten lang blanchieren.
- Den Wermut auf 2 EL einkochen. Ein Drittel der Sahne sowie den abgetropften Romanesco zugeben, fünf Minuten lang kochen lassen, dann pürieren.
- Die Gelatine auflösen, in das Püree geben. Mit Salz, weißem Pfeffer und Muskat kräftig abschmecken und über Eiswasser kalt rühren.
- Die restliche Sahne steif schlagen und vorsichtig unter das kalte Püree heben. Die Masse in eine Terrinenform geben, glatt streichen und im Kühlschrank mindestens vier Stunden lang anziehen lassen.
- Das Parfait anschließend aus der Form stürzen und in Scheiben geschnitten anrichten, z. B. mit einer halbrohen Tomatensauce und etwas Pesto Genovese (s. S. 29).

Gefüllte Paprika*

8–12 Stück

4 große Paprikaschoten, gelb, rot und/oder orange, gehäutet (s. S. 10)

Füllung
1 Dose Ölsardinen
2–3 Sardellenfilets (oder 2 TL Sardellenpaste)
2 hart gekochte Eier
1 Spritzer Knoblauchsaft
2 EL glatte Petersilie, sehr fein gehackt
Salz, Pfeffer

Vinaigrette
4 EL kaltgepresstes Olivenöl
Saft von 1 Zitrone oder 2 TL Aceto balsamico
Salz, Pfeffer

- Die gehäuteten Schoten aufschneiden, das Kerngehäuse und den Stiel entfernen, das Fruchtfleisch in zwei oder drei Rechtecke schneiden. Rest sehr klein würfeln und in eine Schüssel geben.
- Die Ölsardinen abtropfen lassen, zerpflücken, in die Schüssel geben. Eigelb zerdrücken, Eiweiß sehr klein würfeln. Zusammen mit der Petersilie und dem Knoblauchsaft zur Masse in der Schüssel hinzufügen. Mit Salz und Pfeffer abschmecken.
- Etwa zwei Teelöffel der Füllung auf jedes Paprika-Rechteck verteilen. Die Rechtecke aufrollen und mit Holzzahnstochern zusammenfügen.
- Die Zutaten für die Vinaigrette kräftig durchschlagen und über die Paprika träufeln.

Tomaten mit Büffelmozzarella*

2 Portionen
2–3 Tomaten, gehäutet (s. S. 10)
1/2 Büffelmozzarella
1 Bund frisches Basilikum
kaltgepresstes Olivenöl
Aceto balsamico
Salz, schwarzer Pfeffer

- Die Tomaten vierteln, den Kern entfernen, das Fruchtfleisch sehr klein würfeln.
- Die Büffelmozzarella ebenfalls fein würfeln und zu den Tomaten geben. Basilikumblätter mit Olivenöl, Aceto balsamico, Salz und Pfeffer mit dem Pürierstab zu einer Salatsauce vermengen.
- Die Sauce über Tomaten und Mozzarella geben, ein wenig durchziehen lassen.

Tomaten mit Büffelmozzarella: Für diesen Salat braucht man die teure, vor allem aber weiche Büffelmozzarella. Die üblicherweise in Plastiktüten angebotene Kuhmilchmozzarella ist nicht geeignet, sie ist meist zu zäh.

Guacamole (Avocado-Dip)*

3–4 Portionen
1 TL Butter
1 kleine Zwiebel, fein gehackt
1 Knoblauchzehe, zerdrückt
1/2 Glas trockener Weißwein
1 reife Avocado, Fruchtfleisch gewürfelt
1 große feste Tomate, gehäutet (s. S. 10)
Fruchtfleisch , gewürfelt

In die fertige Guacamole den Avocadokern legen, damit sie sich nicht verfärbt. Man kann die Guacamole mit einem hart gekochten, klein gewürfelten Ei und/oder einer gehäuteten roten oder gelben Paprika anreichern. Sofern der Biss dafür reicht, kann man auch gewürfelten gekochten Schinken oder gekochte Zunge darunter mischen.

1 TL Essig oder Aceto balsamico
1 Msp. Cayennepfeffer
2 TL kaltgepresstes Olivenöl
Salz, Pfeffer

- Die Butter zerlassen, Zwiebel, Knoblauch und Wein zugeben. Köcheln lassen, bis der Wein verdampft und die Zwiebel weich ist, abkühlen lassen.
- Avocado- und Tomatenwürfel mit dem Essig beträufeln. Die abgekühlten Zwiebeln untermischen, mit Cayennepfeffer, Salz und Pfeffer abschmecken, Öl darüber geben, durchmischen. Mit Folie abgedeckt bis zum Verzehr kalt stellen.

Marinierte Gemüse*

Es eignen sich solche Gemüse, die sich nach dem Kochen problemlos und ohne Rückstand durch ein Sieb passieren lassen, also beispielsweise grüne und gelbe Zucchini, gelbe und rote Paprika (gehäutet, s. S. 10), Sellerieknolle, Blumenkohl, Brokkoli, Romanesco, Möhren, Kohlrabi.

Gemüse mit faseriger Struktur – wie etwa Lauch, Bleichsellerie, Frühlingszwiebeln – oder von elastischer Konsistenz – wie Champignons – sind zwar ebenfalls geeignet, bereiten aber Menschen mit schwachem Biss Probleme.

Marinade
$^3/_4$ l kräftige Hühnerbrühe
1 Tasse herber Weißwein
1 Tasse Olivenöl
Saft von 1 Zitrone
1 Bund Petersilie
einige Zweige Thymian
2 große Knoblauchzehen, grob zerdrückt
1 TL Pfefferkörner, grob zerstoßen

- Alle Zutaten zusammen in einen Topf geben und 1 Stunde köcheln lassen. Dann die Marinade durch ein feines Sieb in einen anderen Topf umgießen.
- Die geputzten, mundgerecht geschnittenen Gemüse in der Marinade nacheinander garen. Die gegarten Gemüse mit einer Schaumkelle herausheben und in einer großen Schüssel hübsch arrangieren. Zuletzt alle gegarten Gemüse mit der heißen Marinade übergießen, die Schale abdecken und auskühlen lassen.
- Die Gemüse im Kühlschrank weitere vier bis fünf Stunden durchziehen lassen. Man reicht sie als Salatersatz zu anderen Vorspeisen, mit einer Senf-Zabaione (s. S. 59) oder als kalte Beilage zu Sommergerichten.

Putenleber-Terrine

Für eine Terrine von etwa 500 g
1 Tasse kräftige Brühe

2 Scheiben Toastbrot, gewürfelt
1 Knoblauchzehe, zerdrückt
250 g Putenleber (nach Belieben auch Enten- oder Gänseleber)
Salz, weißer Pfeffer
5–6 Salbeiblätter, fein gehackt
2 Eier
100 g süße Sahne
1–2 EL Cognac

● Die Brühe erhitzen, das Toastbrot darin zu einer dicken Paste einkochen. Den Knoblauch zugeben.

● Die Leber in Stücke schneiden, mit der Brotpaste und den Gewürzen mischen. Das Gemisch entweder zweimal durch den Fleischwolf drehen oder im Cutter pürieren und dann durch ein Sieb streichen, damit alle Bindegewebe zurückbleiben.

● Eier, Sahne und Cognac verquirlen und unter die Lebermasse rühren. Eine Terrine mit Deckel gut mit Butter ausstreichen. Ein Pergamentpapier zurechtschneiden, ebenfalls buttern und auf den Boden der Form legen. Die Lebermasse einfüllen und 60 Minuten garen, wie auf S. 9 für Timbales beschrieben. Am Ende der Garzeit muss sich die Terrine an der Oberfläche fest anfühlen.

● Die Terrine in der Form auskühlen lassen, dann auf einen Teller stürzen und im Kühlschrank kühlen. Zum Servieren in dicke Scheiben schneiden.

Russische Leberpastete

Für eine Terrine von etwa 350 g
2 EL Pflanzenöl
150 g Geflügel- oder Kalbsleber (ohne Sehnen und Häutchen und in 2 cm große Würfel geschnitten)
1 Schuss Madeira
100 g weiche Butter
1 Möhre, geschabt und grob gehackt
1 mittlere Zwiebel, fein gehackt
1 EL fein gehackte Petersilie
$^{1}/_{2}$ TL Salz
frisch gemahlener schwarzer Pfeffer
frisch geriebene Muskatnuss

● Die Leber im Öl rundum gut anbraten, in eine Schüssel geben und mit einem guten Schuss Madeira benetzen.

● Von der Butter 20–30 g abnehmen, in der Pfanne erhitzen, Möhre und Zwiebel darin garen, dann zu der Leber in die Schüssel geben. Die Petersilie untermischen.

● Alles durch den Fleischwolf drehen, die Gewürze zugeben, die in Flöckchen geschnittene Butter unterrühren und die Masse noch einmal durch den Wolf drehen. Abschmecken, in eine Form oder Schüssel füllen und anschließend im Kühlschrank mehrere Stunden durchkühlen lassen.

Die Putenleber-Terrine passt zu einem gemischten Vorspeisenteller, oder man reicht eine Scheibe der Terrine mit einer fruchtigen Sauce (etwa im Wasserbad verflüssigtes Apfel- oder Quittengelee), mit Preiselbeeren oder mit in Calvados gedünsteten Äpfeln.

Obgleich frittiert, sind die Bohnenbällchen sehr zart und lassen sich mit geringstem Biss gut bewältigen. Je nach Geschmack kann man frische Pfefferschote, Ingwer, Curry oder andere Gewürze an die Masse geben, auch ein Esslöffel frisch geriebener Pecorino ergibt einen guten geschmacklichen Akzent.

Frittierte Bohnenbällchen

Auf je 100 g große getrocknete weiße Bohnen braucht man

1 Ei
1 kleine Zwiebel, grob gehackt
1 Knoblauchzehe, halbiert
Salz, Paprika und/oder Cayennepfeffer
Pflanzenöl zum Ausbacken

- Die Bohnen 12 Stunden lang einweichen, die Häutchen abziehen.
- Die rohen Bohnenkerne mit Zwiebel, Knoblauch und Ei in den Mixer geben und zu einem glatten Püree verarbeiten. Die Masse mit Salz, Cayennepfeffer und/oder Paprika sehr kräftig würzen.
- In einer Pfanne mit nicht zu flachem Rand oder einem Wok Öl erhitzen. Das Fett sollte etwa 3 cm hoch stehen. Jeweils 1 TL Bohnenmasse nehmen und mit einem zweiten Löffel in das siedende Öl schieben. Die Bällchen auf beiden Seite je etwa zwei Minuten lang ausbraten. Auf Küchenkrepp abtropfen lassen und sofort heiß servieren.

Piemontesischer Kräuterflan (Tàrtra)

4 Portionen

1 großer Bund Borretsch (ersatzweise Brunnenkresse oder Spinat), in Streifen geschnitten
1 Becher süße Sahne
$^1/_2$ Tasse Milch
1 TL frische Rosmarinnadeln
6–8 Blättchen Salbei
1 TL Thymianblättchen
2 EL frisch geriebener Parmesan
Salz, weißer Pfeffer
3 Eier

- Den Backofen auf 150 °C vorheizen, eine flache Auflaufform ausbuttern. Sahne und Milch in den Mixbecher geben, Borretsch und alle anderen Zutaten einschließlich der Eier zugeben und gründlich durchmischen.
- Die Masse in die Auflaufform gießen, die Form in die mit heißem Wasser gefüllte Saftpfanne des Backofens stellen und die Tàrtra etwa 40 Minuten stocken lassen, sofort heiß servieren.

Polenta „Sonne im Schnee"*

1 Portion

1 fingerdicke große Scheibe Polenta (s. S. 57)
1 gehäufter TL Pesto Genovese (s. S. 29)
1 Scheibe Mortadella
1 Ei
Salz, Muskatnuss

- Den Backofen auf 180 °C vorheizen. Backblech gut einölen und die Polenta auf beiden Seiten vorwärmen.
- Das Ei trennen. Das Eigelb in der Schale in einen Eierbecher stellen. Das Eiweiß mit einer guten Prise Salz und etwas Muskat zu steifem Schnee schlagen.
- Auf jeder Polentascheibe einen Teelöffel Pesto verstreichen, Mortadella darüber legen, einen Berg aus Eischnee darauf häufen, eine Kuhle in die Mitte drücken und das Eigelb hineingleiten lassen. Das Blech nochmals für fünf bis zehn Minuten in den Ofen schieben. Heiß servieren.

Timbales von Roquefort

Für 3–4 Förmchen
100 g Roquefort (oder anderer Edelpilzkäse)
100 g Mascarpone
2 Eier
Salz, Pfeffer
etwas Butter und geriebener Hartkäse für die Förmchen

- Die Zutaten gut miteinander verrühren, in die gebutterten, mit geriebenem Hartkäse ausgestreuten Förmchen füllen und wie auf S. 9 beschrieben etwa 30 Minuten lang garen. Die Timbales zum Servieren aus den Förmchen auf Teller stürzen und dazu eine Gemüsesauce, z. B. Brokkoli-, Porree- oder Paprikasauce (s. S. 61f.), reichen.

Timbales von Ziegenkäse und getrockneten Tomaten

Für 3–4 Förmchen
40 g getrocknete Tomaten
100 g weicher junger Ziegenkäse (z. B. Crottin de Chavignol oder Pirandou)
100 g Schmant
2 Eier
Salz und Pfeffer nach Bedarf

- Die getrockneten Tomaten eine Stunde lang in Wasser einweichen, dann abtropfen lassen und klein schneiden. Mit den anderen Zutaten in den Mixer geben und gut durchmixen. In einer großen Terrinenform oder in Einzelförmchen, wie auf S. 9 beschrieben, garen. Zu Tomaten- oder Paprikasauce (s. S. 62) servieren.

Cremesuppe aus gelben Paprika

4–6 Portionen
1 kleine Zwiebel
1 Knoblauchzehe
1 kleine Karotte

1 Stück Sellerie oder 1 Stängel Bleichsellerie
4–5 gelbe Paprikaschoten
1 große Kartoffel
2 EL Olivenöl
1 l Gemüse-, Fleisch- oder Geflügelbrühe
Salz, Pfeffer, etwas Thymian
Crème fraîche oder süße Sahne
fein geriebener frischer Parmesan

Cremesuppe aus gelben Paprika: Wer mag, gibt außerdem einen kleinen Schuss Grappa an die Suppe oder setzt 1 TL Pesto Genovese oder Kürbiskernpesto (s. S. 29) in die Mitte.

- Sämtliche Gemüse putzen und in Stücke schneiden.
- Das Öl erhitzen und die Gemüse darin kräftig anrösten. Mit Brühe aufgießen, bis die Gemüse bedeckt sind, etwa 20 Minuten lang köcheln lassen.
- Die Suppe im Mixer pürieren, in den Topf zurückgeben, salzen, pfeffern, mit Thymian abschmecken und mit Crème fraîche oder Sahne verfeinern. Bei Tisch etwas Parmesan auf jede Portion streuen.

Karottensuppe

4 Portionen
1 EL Butter
1 kleine Zwiebel, fein gehackt
2 Scheiben Toastbrot, gewürfelt
250 g Karotten, geputzt, in feine Scheiben geschnitten (oder TK-Ware)
50 g Sellerie, geputzt, klein geschnitten
1 Tomate, gehäutet, entkernt
$^3/_4$ l Gemüsebrühe

- Die Butter zerlassen, die Zwiebel darin glasig dünsten, die Brotwürfel zugeben und bräunen. Die vorbereiteten Karotten und den Sellerie zugeben, nochmals ein wenig andünsten, dann mit Gemüsebrühe auffüllen, köcheln lassen, bis die Möhren fast weich sind.
- Zum Schluss die Tomate zugeben, das Ganze kurz aufwallen lassen. Die Suppe im Mixer pürieren, abschmecken.
- Nach Belieben mit etwas Sahne, Meerrettichsahne oder Crème fraîche garnieren oder auch sehr fein geschnittenen Schnittlauch darüber streuen.

Zwei-Farben-Suppe

Man bereitet eine Karottensuppe und eine cremige, nicht zu dünne Suppe aus grünen Erbsen oder Zuckerschoten (oder zwei beliebige andere, farblich und geschmacklich harmonierende, dabei aber nicht zu dünne Suppen). Man füllt je eine Kaffeetasse mit den Suppen und gießt dann vorsichtig gleichzeitig beide Tassen von rechts bzw. links in einen tiefen Teller. Die Suppen stoßen in der Mitte aneinander, ohne sich zu vermischen. Auf diese Weise servieren Sie eine Suppe mit interessantem Farbeffekt!

Cremige Süßkartoffelsuppe

6 Portionen
1 EL Pflanzenöl
1 rote Zwiebel, fein gewürfelt
1 große Knoblauchzehe, zerdrückt
500 g Süßkartoffeln, roh, gewürfelt
200 g Kartoffeln, geschält und gewürfelt
$^3/_4$ l Brühe oder Fond aus dem Glas
1–2 cm frische Ingwerwurzel,
fein gerieben
abgeriebene Schale von $^1/_2$ Zitrone
Salz, Cayennepfeffer

- Das Öl im Topf erhitzen, Zwiebel und Knoblauch darin andünsten. Die beiden Kartoffelarten zugeben, unter Rühren kurz angehen lassen.
- Mit $^1/_2$ l Brühe auffüllen, Ingwer und Zitronenschale zugeben. So lange köcheln lassen, bis die Kartoffeln weich sind.
- Die Suppe im Mixer gründlich pürieren, mit Salz und Cayennepfeffer abschmecken. Wenn sie zu dickflüssig ist, mehr Brühe zugeben.

Topinambursuppe

2–3 Portionen
20 g Butter
$^1/_2$ Zwiebel, grob gehackt
1 Knoblauchzehe, gehackt
250 g Topinamburknollen, geschält, gewürfelt
$^1/_2$ l Gemüsebrühe
$^1/_2$ Becher süße Sahne
Salz, Cayennepfeffer, Muskat
pro Portion 1 TL Kürbiskernöl

- Die Butter in einem Topf zerlassen, Zwiebel und Knoblauch darin anschwitzen, die Topinamburwürfel zugeben und ebenfalls leicht anbräunen.
- Die Gemüsebrühe zugießen, 20 Minuten köcheln lassen, bis der Topinambur weich ist. Im Mixer pürieren, mit Salz, Cayennepfeffer und Muskat würzen, Sahne zugießen.
- Die Suppe in Teller oder Tassen füllen, in die Mitte jeweils einen Faden Kürbiskernöl laufen lassen, sofort servieren.

Kürbissuppe

3 Portionen
1 EL Butterschmalz
1 Zweig Rosmarin
3–4 Zweige Thymian
200 g gewürfeltes Kürbisfleisch
$^1/_4$ l Brühe
$^1/_8$ l Milch oder Sahne
Salz, Pfeffer
Kürbiskernpesto (s. S. 29) oder -öl

- Das Butterschmalz in einem Topf erhitzen, Rosmarin und Thymian

Gurkensuppe: Statt Knoblauchsaft kann man einen Teelöffel Meerrettich aus dem Glas in die Suppe einrühren. Im Sommer schmeckt diese Suppe eisgekühlt hervorragend.

kurz anschwitzen, dann den Kürbis zufügen und andünsten.

- Mit Brühe und Milch aufgießen und etwa 20 Minuten lang köcheln lassen. Rosmarin und Thymian herausnehmen, die Suppe im Mixer pürieren, mit Salz und Pfeffer abschmecken.
- Bei Tisch in jeden Teller 1 TL Kürbiskernpesto (s. S. 29) geben oder etwas Kürbiskernöl einlaufen lassen.

Maronensuppe

4 Portionen

240 g trocken eingelegte Maronen, gehackt
1 Zwiebel, fein gehackt
1 Knoblauchzehe, zerdrückt
1 EL Butter
1 EL Öl
600 ml Wildfond (aus dem Glas)
1 Becher süße Sahne (200 g)
1 Msp. Rosmarinpaste (aus dem Glas)
Pfeffer und Salz

- Butter und Öl erhitzen, Zwiebel und Knoblauch darin anschwitzen, Maronen zugeben und anbraten.
- Mit dem Fond ablöschen, zehn Minuten köcheln lassen, dann im Mixer pürieren. In den Topf zurückgeben, Sahne einrühren, mit Rosmarin, Salz und Pfeffer abschmecken.

Gurkensuppe

3–4 Portionen

1 Salatgurke
1 EL Butter
400 ml Rinder-, Kalbs- oder Geflügelfond
1 Becher Crème fraîche
1 Knoblauchzehe
Salz, Pfeffer
etwas fein gehackter Dill

- Die Gurke schälen, halbieren, die Kerne herauskratzen, das Fruchtfleisch klein schneiden.
- Die Butter in einem Topf erhitzen, zwei Drittel der Gurkenstückchen hineingeben und bei geschlossenem Deckel 15 Minuten lang schmoren.
- Den Fond angießen und die Flüssigkeit um etwa ein Drittel einkochen lassen. Die eingekochte Gurkensuppe zusammen mit den restlichen Gurkenstückchen im Mixer pürieren. In den Topf zurückgeben, die Crème fraîche einrühren, erhitzen (nicht mehr kochen), mit Salz, Pfeffer und ein wenig Knoblauch abschmecken.
- Die Suppe vor dem Servieren mit sehr fein gehacktem Dill bestreuen.

Schnelle Mulligatawny

2 Portionen

1 EL Öl

1 Zwiebel, grob gehackt
1 Päckchen Suppengrün (TK-Ware)
1 Glas Geflügelfond (400 ml)
1 EL Butter
1 geh. TL Mehl
Currypaste oder Currypulver
Salz
Crème fraîche nach Geschmack

- Öl in einem Topf erhitzen, Zwiebel und Suppengrün andünsten, dann den Fond zugießen und etwa 20 Minuten lang köcheln lassen.
- Inzwischen in einem anderen Topf die Butter zerlassen, Mehl zugeben und eine Schwitze bereiten.
- Wenn die Gemüse weich sind, die Suppe durch ein Sieb geben, die Gemüse durchpassieren.
- Die Mehlschwitze wieder aufs Feuer geben, kellenweise die Suppe einrühren, immer wieder aufkochen lassen. Zuletzt etwa 1 EL Currypaste einrühren. Man kann auch ein wenig Crème fraîche in die Suppe geben.

Avocado-Suppe mit Sherry

3–4 Portionen
1 reife Avocado
$^1/_8$ l süße Sahne
$^1/_2$ l Hühnerbrühe
1 Gläschen trockener Sherry
Salz, Cayennepfeffer

- Die Avocado schälen und würfeln, im Mixer unter Zugabe der Sahne pürieren.
- Inzwischen die Hühnerbrühe zum Kochen bringen. Vom Feuer nehmen, die Avocado-Sahne und den Sherry einrühren. Zum Schluss mit Salz und Cayennepfeffer abschmecken, nicht mehr kochen!

Avocado-Suppe mit Sherry: Man kann die Suppe sofort heiß zu Tisch bringen oder im Kühlschrank gut durchkühlen und dann – zumal im Sommer – kalt servieren. Aufwärmen sollte man sie allerdings nicht!

Fenchelsuppe

2–3 Portionen
1 Schalotte, fein gehackt
1 Fenchelknolle, in Stücke geschnitten
1–2 EL Olivenöl
$^1/_2$ l Gemüsebrühe aus Instantpulver oder Fond
Salz, Pfeffer
etwas Fenchelpulver
pro Portion 1 TL Pernod
etwas leicht aufgeschlagene Crème fraîche

- Schalotte und Fenchel im Olivenöl andünsten. Mit der Brühe aufgießen und 20–30 Minuten köcheln lassen. Dann die Suppe im Mixer pürieren, mit Salz, weißem Pfeffer und Fenchelpulver abschmecken.
- Crème fraîche leicht aufschlagen. Die Suppe in vorgewärmte Teller füllen, in jeden Teller ein wenig Pernod (maximal 1 TL) geben, etwas Crème fraîche darauf setzen, mit etwas fein

gehacktem Fenchelkraut bestreuen und sofort servieren.

Blumenkohlsuppe mit Roquefort

Blumenkohlsuppe mit Roquefort: Man kann statt Blumenkohl auch Romanesco verwenden, der beim Kochen einen weniger strengen Geruch verströmt. Auch der etwas herbe Rosenkohl ist für diese Suppe hervorragend geeignet.

2–3 Portionen
250 g Blumenkohlröschen
(frisch oder TK-Ware)
1/2 l Brühe
1 TL Butter
1 TL Mehl
Salz, Pfeffer
50 g Roquefort (oder ein anderer Edelpilzkäse)
etwas frischer Thymian

- Den Blumenkohl in der Brühe 15 Minuten garen. (TK-Ware auftauen und fünf Minuten garen.)
- Aus Butter und Mehl eine Schwitze bereiten und abkühlen lassen. Mit der heißen Blumenkohlbrühe auffüllen und eine glatte, sämige Suppe bereiten. Den Blumenkohl zugeben, alles im Mixer gut durchpürieren. Die Suppe in den Topf zurückgießen und erneut erhitzen.
- Den Käse in Bröckchen schneiden, zur Suppe geben und unter Rühren darin auflösen. Abschmecken, evtl. mit Pfeffer und Salz nachwürzen.
- Die Suppe in Tassen anrichten und mit ein paar Thymianblättchen garnieren.

Hühnersuppe mit Reis und Ei

2–3 Portionen
1/2 l Hühnerbrühe
2 EL Reis
1 frisches Ei
1 EL frisch ausgepresster Zitronensaft oder 3 EL herber Weißwein
Salz, Cayennepfeffer
etwas frische Minze oder Zitronenmelisse zum Garnieren

- Die Hühnerbrühe aufsetzen, den Reis hineingeben und etwa 20 Minuten gar kochen.
- Das Ei im Mixer mit Zitronensaft (oder Weißwein) verquirlen. Dann die heiße Suppe mit dem Reis zugeben, erneut gut durchmixen und – ohne die Suppe noch einmal zu erhitzen – sofort in Teller oder Suppentassen füllen, mit Minze oder Melisse bestreuen und rasch servieren.

Toskanische Eiercremesuppe (Ginestrata)

4 Portionen
4 frische Eigelb
1/2 l kalte Hühnerbrühe
30–40 ml Vin Santo (ein toskanischer Dessertwein, ersatzweise Marsala)

1 Prise Zucker
Salz
1/4 TL Zimt
50–60 ml Sahne, zimmerwarm
frische Muskatnuss

● Die Eigelbe zusammen mit Brühe, Vin Santo, Zucker und Salz in einen Schlagkessel geben und diesen über einen Topf mit kochendem Wasser stellen. Mit dem Schneebesen den Inhalt schaumig aufschlagen. Die Suppe muss heiß und leicht dick werden, darf aber nicht kochen! Heiße Suppe mit Zimt abschmecken.
● Zuletzt die Sahne zugeben. Die Suppe in Tassen füllen, mit etwas frisch geriebener Muskatnuss überstäuben und sofort servieren.

Goudasuppe

4 Portionen
1 Bund Suppengrün, geputzt und sehr klein geschnitten
20 g Butter
1 EL Mehl
3/4 l Brühe
125 g mittelalter Gouda, grob geraffelt
1 Tasse warme Milch
Salz, weißer Pfeffer

● Das Suppengrün in der Butter angehen lassen. Mit dem Mehl überstäuben, dann die Brühe angießen und die Gemüse zehn Minuten lang köcheln lassen.
● Die Gemüsebrühe im Mixer pürieren, in den Topf zurückgeben und den Käse darin schmelzen lassen; die Suppe darf jetzt nicht mehr kochen.
● Die Milch zugeben, mit Salz und Pfeffer abschmecken und servieren.

Linsen-Sahne-Suppe

4 Portionen
200 g braune oder grüne Linsen
30 g getrocknete Steinpilze, in der Elektromühle pulverfein gemahlen
2 kleine Zwiebeln, fein gehackt
3–4 Knoblauchzehen, zerdrückt
1 Bund Liebstöckel, Blätter gehackt
1 EL Butter
50 ml Aceto balsamico
800 ml Wildfond (oder ein anderer Fleischfond nach Geschmack)
150 ml süße Sahne
Salz, weißer Pfeffer

● Die Linsen über Nacht einweichen. Am nächsten Tag auf einem Sieb gut abtropfen lassen.
● Die Butter in einen Topf geben. Zwiebel und Knoblauch anbraten, Liebstöckel und Pilzpulver zugeben, gut durchrühren. Die abgetropften Linsen zufügen, andünsten und mit dem Balsamico löschen. (Vorsicht, die aufsteigenden Essigdämpfe nicht

direkt einatmen, denn sie reizen die Schleimhäute!)

- Den Fond angießen und die Linsen köcheln lassen, bis sie gar sind (30–40 Minuten). Die Suppe in mehreren Portionen im Mixer sehr gründlich pürieren, jede Portion durch ein feines Sieb in einen frischen Topf geben.
- Die Suppe wieder erhitzen und die Sahne einrühren. Mit Salz und Pfeffer abschmecken.

Sahnige Bohnensuppe

Sahnige Bohnensuppe: Statt Liebstöckel kann man zum Würzen auch Majoran oder fein geriebenen frischen Meerrettich nehmen.

4 Portionen

200 g (möglichst große) weiße Bohnen
1 frisches Suppengrün, geputzt und klein geschnitten
1 Bund Liebstöckel, Blätter gehackt
1 mittelgroße Kartoffel, geschält und gewürfelt
2 TL Butter
$^3/_4$ l Brühe oder Fond aus dem Glas
1 EL Mascarpone oder $^1/_2$ Becher süße Sahne
Salz, weißer Pfeffer

- Die Bohnen rund 12 Stunden lang einweichen, dann die Häutchen abziehen. Die Bohnenkerne eine Stunde lang kochen, Wasser abgießen.
- Suppengrün, Liebstöckel und Kartoffeln in der Butter kurz anschwitzen, mit der Brühe auffüllen und die Bohnenkerne zugeben. Etwa 30 Minuten köcheln lassen.
- Die Suppe pürieren, dabei den Mascarpone (oder die Sahne) zugeben, mit Salz und Pfeffer abschmecken und sofort servieren. Sollte die Suppe zu dick sein, mehr Brühe oder Fond zugeben.

Bohnencremesuppe

4 Portionen

200 g (möglichst große) weiße Bohnen
1 mittelgroße Karotte, klein geschnitten
1 mittelgroße Stange Lauch, das Weiße in Ringe geschnitten
$^3/_4$ l Gemüsefond aus dem Glas oder Gemüsebrühe
1 walnussgroßes Stück frische Ingwerwurzel, fein geschnitten (ersatzweise $^1/_2$ TL Ingwerpulver)
100 g süße Sahne
Cayennepfeffer, Salz
Kürbiskernöl

- Die Bohnen rund 12 Stunden lang einweichen, dann die Häutchen abziehen. Die Bohnenkerne etwa eine Stunde vorkochen, anschließend abgießen.
- Bohnenkerne, Karotte, Lauch und Ingwer im Fond gar kochen. Die Suppe pürieren, die Sahne zugeben, mit Salz und Cayennepfeffer abschmecken. Die Suppe in Tassen

gießen und jede Portion mit einem Faden Kürbiskernöl verzieren und verfeinern.

Suppe von schwarzen Bohnen

4–5 Portionen
250 g schwarze Bohnen
1 Zwiebel, fein gehackt
1–2 Knoblauchzehen, fein gehackt
1 EL Öl
3 feste Tomaten, gehäutet (s. S. 10)
1 EL Aceto balsamico
gemahlener Kreuzkümmel
200 g Räucherschinken am Stück

- Die Bohnen über Nacht einweichen. Mit frischem Wasser aufsetzen und knapp zwei Stunden lang kochen.
- In einer Pfanne das Öl erhitzen, die Zwiebel darin glasig dünsten, Knoblauch und klein geschnittene Tomate zugeben, andünsten, mit Aceto balsamico löschen. Kreuzkümmel darüber streuen, alles verrühren.
- Wenn die Bohnen fast weich sind, den Pfanneninhalt und den Räucherschinken dazugeben, nochmals 20 Minuten lang köcheln lassen. Den Schinken aus der Suppe nehmen, die Suppe durch ein Sieb streichen.
- Wer über geringen Biss verfügt, würfelt den Schinken und gibt ihn zur Suppe. Wer gar nicht beißen kann, muss hier auf den Schinken verzichten. Die Suppe abschmecken, evtl. nachwürzen, heiß servieren.

Maissuppe mit Hirse

2–3 Portionen
250 g Maiskörner (Dose oder TK-Ware)
1 Zwiebel, grob gehackt
2 Knoblauchzehen, zerdrückt
1 EL Butterschmalz
$^1/_2$ l Hühnerbrühe
150 g vorgegarte Hirse
Salz, Cayennepfeffer

- Maiskörner aus der Dose gut abtropfen lassen, TK-Ware auftauen.
- Zwiebeln und Knoblauch im Butterschmalz anschwitzen, den Mais zugeben, mit Brühe auffüllen und zehn Minuten lang köcheln lassen.
- Die vorgegarte Hirse zugeben, aufwallen lassen, dann die Suppe im Mixer sehr gründlich pürieren. Nochmals erhitzen, mit Salz und Cayennepfeffer abschmecken und servieren.

Maissuppe mit Hirse: Statt der Hirse kann man gegarten Reis verwenden. Oder Sie bereiten die Suppe ohne Hirse oder Reis zu und geben Nocken nach Wahl (Hirse-, Grieß-, Grünkernnocken etc.) hinein.

Sämige Grünkernsuppe

2–3 Portionen
1 EL Butterschmalz
2 EL Grünkernschrot

$^1/_2$ l Gemüsebrühe
1 Päckchen Kräutermischung (TK-Ware)
Salz, weißer Pfeffer

- Das Butterschmalz in einem Topf erhitzen, das Grünkernschrot zugeben und unter Rühren anrösten. Mit der Brühe auffüllen und den Grünkern ausquellen lassen (etwa 20 Minuten).
- Die Suppe im Mixer pürieren, in den Topf zurückgeben und so viel Brühe angießen, bis die Suppe die gewünschte Konsistenz hat. Zum Schluss mit Salz und Pfeffer abschmecken, die Kräuter zugeben, durchrühren und servieren.

Sämige Buchweizensuppe

3–4 Portionen
40–50 g Buchweizen
$^3/_4$ l Gemüsebrühe
1 Päckchen Suppengrün (TK-Ware)
Salz, weißer Pfeffer
Worcestersauce

- Den ungewaschenen Buchweizen in einer beschichteten Pfanne trocken, also ohne Fett, rösten. Dabei ständig gut umrühren. Er soll gleichmäßig Farbe annehmen, darf aber nicht anbrennen.
- Den Buchweizen in einen Topf geben, die kalte Brühe angießen, das Suppengrün zugeben und alles zusammen 25–30 Minuten köcheln lassen.
- Die Suppe im Mixer pürieren, mit Salz und Pfeffer abschmecken. Den letzten Pfiff geben ein paar Spritzer Worcestersauce.

Scharfe Erdnuss-Suppe*

4–6 Portionen
250 g Zwiebeln, grob gehackt
250 g fest kochende Kartoffeln, gewürfelt
2 EL Öl
1 EL scharfer Paprika
$^1/_2$ TL Cayennepfeffer
1 l Fleisch-, Geflügel- oder Gemüsebrühe
150 g Erdnüsse (nach Belieben frisch oder geröstet und gesalzen)
150 g Spinat (frisch oder TK-Ware), in feine Streifen geschnitten
150 g Tomaten, gehäutet (s. S. 10), Fruchtfleisch in kleine Würfel geschnitten
1–2 sehr feste, noch grüne Bananen, in Scheiben geschnitten

- Das Öl in einem Topf erhitzen, die Zwiebeln darin glasig dünsten, die Kartoffeln zugeben und etwas Farbe nehmen lassen. Paprika und Cayennepfeffer darüber stäuben. Die Gemüsemischung gut durchrühren, mit der Brühe aufgießen und 15 Minuten köcheln lassen.

- In der Zwischenzeit die Erdnüsse pulverfein mahlen. Das Erdnusspulver zusammen mit den Spinatstreifen und den Tomatenwürfeln zur Suppe geben und weitere fünf Minuten köcheln lassen.
- Kurz vor dem Servieren die Bananen schälen und in $^1/_2$ cm dicke Scheiben schneiden, in die Suppe geben, noch einen Moment ziehen lassen. Die Bananenscheiben sollen heiß werden, aber nicht zerfallen.

Pesto Genovese

2 große Bund frisches Basilikum
2–3 Knoblauchzehen, gepellt, geviertelt
2 EL Pinienkerne
2–3 EL frisch geriebener Parmesan
2–3 EL frisch geriebener Pecorino
etwa 1 Tasse kaltgepresstes Olivenöl
Salz, schwarzer Pfeffer

- Das Basilikum nur im Notfall waschen, in jedem Fall aber sehr gut trockentupfen, damit der Pesto nicht verwässert.
- Die Blätter von den Stielen zupfen, zusammen mit Knoblauch, Pinienkernen, Parmesan und Pecorino in den Mixer geben. Das Öl darüber gießen und alles kräftig durchmixen. Mit Salz und Pfeffer abschmecken.

Kürbiskernpesto

50 g geschälte Kürbiskerne
3 EL Kalbsfond
4 EL Kürbiskernöl
4 EL Pflanzenöl
Salz, ein Hauch Pfeffer

- Die Kürbiskerne in einer Pfanne trocken rösten, bis sie zu springen beginnen, vom Herd nehmen und abkühlen lassen und in der Elektromühle fein mahlen.
- Fond und Öle zusammen in den Cutter geben, kräftig durchmixen, bis eine sämige Emulsion entsteht, mit Salz und Pfeffer abschmecken und die gemahlenen Kürbiskerne einrühren.

Pesto Genovese passt zu Nocken aller Art, vor allem zu Gnocchi (s. S. 54), ist aber auch eine leckere Würzpaste zu verschiedenen Suppen. Statt des Basilikums kann man auch Rucola oder Brunnenkresse nehmen.

Aufläufe und Co.

Schmackhafte, sättigende Hauptmahlzeiten für Menschen mit Bissproblemen zusammenzustellen – das scheint eine kaum lösbare Aufgabe zu sein. Denn das Gericht soll nach einem normalen Essen aussehen und mühelos verspeist werden können. Aufläufe, auch bei Menschen mit Biss beliebt, bieten sich als Ausweg an. Das Beste daran: Man braucht nicht einmal in jedem Fall auf Fleisch zu verzichten.

Gemüseauflauf mit Hackfleisch

4 Portionen

500 g Hackfleisch (Rind oder gemischt)
500 g fest kochende Kartoffeln, geschält
500 g Tomaten, gehäutet (s. S. 10)
1 große Gemüsezwiebel, geschält
einige Zweige frischer Rosmarin
einige Zweige frischer Thymian
Salz, Pfeffer
Butter oder Öl für die Auflaufform
1 Becher Crème fraîche

- Das Hackfleisch zwischen zwei Lagen Frischhaltefolie zu einer dünnen, großen Platte auswalzen.
- Kartoffeln und Tomaten in 2–3 mm dicke, die Zwiebel mit dem Gurkenhobel in 1 mm dicke Scheiben schneiden.
- Den Backofen auf 200 °C vorheizen (Umluft 180 °C). Eine Auflaufform, möglichst mit Deckel, mit Butter oder Öl ausfetten. Die Hälfte der Kartoffeln in die Form geben, salzen und pfeffern. Darauf die Hälfte des Hackfleischs geben, wieder salzen und pfeffern, 1 Zweig Rosmarin darauf legen, darüber die Hälfte der Zwiebeln, dann die Hälfte der Tomaten geben, salzen, pfeffern und einige Zweige Thymian darauf verteilen. Den Rest der Zutaten in gleicher Weise einschichten.
- Den zugedeckten Auflauf zehn Minuten lang bei 200 °C anheizen, dann die Temperatur auf 150 °C reduzieren und den Auflauf $1^1/_2$ Stunden lang schmoren lassen. Die Crème fraîche zum Auflauf reichen.

Paprikarouladen

2 Portionen

je 1 große rote und gelbe Paprika, gehäutet (s. S. 10)

Zum Buchweizenauflauf mit Wurzelgemüsen passt eine Tomaten- oder eine Käsesauce. Statt der Wurzelgemüse kann man nach Wahl andere Gemüse verwenden, z. B. Zucchini, gehäutete Paprika, Brokkoli- oder Blumenkohlröschen etc. Entsprechend wählt man dann auch andere Kräuter, z. B. Thymian, Basilikum, Majoran.

2 eigroße gekochte, abgepellte Kartoffeln
100 g Edelpilzkäse (in vier Portionen)
1 Becher süße Sahne
1 Ei
4 hauchdünne Scheiben Parmaschinken, in winzige Würfelchen geschnitten
1 EL frisch geriebener Parmesan oder Pecorino
1 TL Basilikum, fein gehackt
Salz, Pfeffer

- Eine Gratinform mit Butter ausstreichen, den Backofen auf 180 °C vorheizen.
- Von den gehäuteten Paprika die Stielansätze und Kerngehäuse entfernen. Das Fruchtfleisch so beschneiden, dass ein langes Rechteck entsteht. Was man oben und unten abgeschnitten hat, würfeln und beiseite stellen. Die Paprikarechtecke der Länge nach halbieren.
- Die Kartoffeln längs halbieren. Auf jede Kartoffelhälfte ein Stück Edelpilzkäse legen, die Kartoffeln auf die Paprikarechtecke legen, Paprika zusammenklappen und in farblich abwechselnder Folge in die Gratinform setzen.
- Sahne, Ei, Parmesan, Schinken, Salz, Pfeffer, Basilikum und Paprikawürfelchen mit dem Rührstab durchquirlen und um die Paprika gießen. Für 30 Minuten bei 180 °C ins Rohr geben, bis die Eiercreme stockt.

Buchweizenauflauf mit Wurzelgemüsen

4 Portionen
1 Zwiebel, fein gehackt
1 Knoblauchzehe, zerdrückt
3 EL Pflanzenöl
400 ml Gemüsebrühe
200 g Buchweizenkörner
2 Karotten (etwa 200 g), sehr klein geschnitten
1 Stück Sellerie (etwa 200 g), sehr klein geschnitten
Petersilienwurzel oder Pastinake (etwa 200 g), sehr klein geschnitten
1 EL Petersilie, fein gehackt
100–150 g Kaffeesahne
2 Eier
2–3 EL geriebener Hartkäse
Butter für die Auflaufform

- Die Zwiebel und den Knoblauch in 1 EL Öl andünsten, dann die Brühe zugießen.
- Den gewaschenen Buchweizen zugeben, 20 Minuten lang köcheln, dann auf der ausgeschalteten Herdplatte noch 20 Minuten lang quellen lassen. Den Backofen auf 200 °C vorheizen.
- Die Gemüse im restlichen Öl andünsten, evtl. ein wenig Brühe angießen.
- Kaffeesahne, Eier, Käse und den leicht ausgekühlten Buchweizen (samt

evtl. verbliebener Brühe) in den Mixer geben und alles zu einer dicken Paste pürieren. Die Gemüse und die Petersilie einrühren. Eine Auflaufform buttern, die Masse hineinfüllen und die Form mit einem Deckel oder mit Alufolie verschließen. In einen größeren, mit kochendem Wasser gefüllten Behälter stellen und im Backofen etwa 30 Minuten lang backen.

Grüne Mangold-Klößchen mit weißer Mangoldsauce

4 Portionen
1 mittelgroße Mangoldstaude
100 g Magerquark
2 Eier
100 g frisch geriebener Parmesan oder Pecorino
40–50 g kernige Haferflocken, in der Elektromühle gemahlen
Salz, Pfeffer

Sauce
40 g Butter
40 g Mehl
1/2 l Mangoldbrühe
Salz, weißer Pfeffer
Muskat
1 Eigelb

Zwischenschichten
Zarte Fleischbällchen (s. S. 37)

- Das Grün der Mangoldblätter einige Minuten blanchieren. Auf einem Sieb abtropfen und auskühlen lassen.
- Die Blätter gut ausdrücken, grob schneiden, mit Quark, Eiern und Parmesan im Mixer pürieren.
- Die Masse in eine Schüssel füllen und so viel von dem Hafermehl einrühren, bis ein zäher, nicht zu fester Teig entsteht. Salzen, pfeffern und mindestens eine Stunde lang ruhen lassen.
- Inzwischen die weißen Mangoldstiele in 2 cm breite Stücke schneiden, in 1/2 l Salzwasser 10–15 Minuten garen und im Mixer pürieren.
- Aus Butter, Mehl und Kochwasser der Stiele eine Sauce bereiten, das Mangoldpüree hineingeben, mit Salz, Pfeffer und Muskat abschmecken und mit einem Eigelb abziehen.
- Einen großen Topf mit Wasser aufsetzen, mit zwei Dessertlöffeln von der grünen Mangoldmasse Klößchen abstechen, im siedenden Wasser 10–15 Minuten ziehen lassen.
- Mangoldklößchen zusammen mit den gegarten Fleischbällchen in eine gebutterte Auflaufform geben. Die weiße Mangoldsauce darüber gießen. Die Form mit Alufolie abdecken, bei 180 °C 15–20 Minuten überbacken.

Grüne Mangold-Klößchen: Statt einer Sauce auf Butter-Mehl-Basis kann man nach dem Rezept für Spargel-Zabaione (s. S. 60) auch eine Mangold-Zabaione zu den Klößchen bereiten. Man überbackt sie dann nicht, sondern reicht nach Geschmack zarte Fleischküchlein und/oder Kartoffeln dazu. Man kann die Klößchen auch mit Spinat zubereiten und eine Sauce nach Belieben dazureichen.

Kartoffeln und Möhren in Dillrahm: Dazu passen zarte Fleisch- oder Fischfrikadellen. Sollte von dem Kartoffel-Möhren-Gemüse etwas übrig bleiben, kann man es im Mixer pürieren und mit Fleischbrühe auffüllen, das ergibt eine herrlich sämige Suppe.

Polenta-Auflauf mit Hacksauce und Béchamelsauce

4 Portionen
300 g Polenta (s. S. 57)
1 Portion Bologneser Sauce (s. S. 63)
Béchamelsauce aus
4 EL Butter
3 EL Mehl
$^1/_2$ l Milch
Salz
weißem Pfeffer
frisch geriebenem Parmesan und/oder Pecorino

- Den Backofen auf 180 °C vorheizen. Eine Auflaufform gut ausbuttern. Den Boden mit Polentascheiben belegen.
- Die Bologneser Sauce darauf verteilen, geriebenen Parmesan darüber streuen und Béchamelsauce darüber gießen.
- Mit dieser Schichtung so lange fortfahren, bis alle Zutaten aufgebraucht sind.
- Den Auflauf im Ofen überbacken. Sofern alle Zutaten frisch und heiß waren, das Ganze etwa 15 Minuten lang im Ofen lassen, wenn die Zutaten kalt waren, etwa 30 Minuten überbacken. Den Auflauf dabei mit einer Alufolie oder einem Deckel zudecken.
- Statt Bologneser Sauce kann man sehr gut auch Hasenragout (s. S. 40) verwenden.

Kartoffeln und Möhren in Dillrahm

4 Portionen
1 EL Öl
1 EL Butter
150 g Zwiebeln, fein gewürfelt
1 Tasse Brühe (Instant)
250 g Möhren in Scheiben (frisch oder aufgetaute TK-Ware)
250 g fest kochende Kartoffeln, in 2 cm großen Würfeln
etwas Milch
1 Becher Crème fraîche oder Schmant
1 TL Speisestärke
1–2 Bund Dill (oder eine Schachtel TK-Ware)
Salz, Pfeffer

- Öl und Butter in einem Topf erhitzen, die Zwiebeln darin glasig dünsten. Die Brühe angießen, köcheln lassen, bis die Zwiebel zu cremigem Brei verkocht sind. Eventuell mehr Brühe angießen. Die Möhren zugeben.
- In der Zwischenzeit die Kartoffeln in einem Topf eben gerade mit Milch bedecken und etwa 20 Minuten lang garen.
- Die Crème fraîche mit einem Teelöffel Speisestärke verrühren (sie

verhindert, dass die Crème ausflockt), dann zu den Möhren im Zwiebelbrei geben und weiter köcheln lassen.

- Wenn die Kartoffeln gar sind, zusammen mit der verbliebenen Milch zu den Möhren geben, den Dill hinzufügen, durchrühren, mit Salz und Pfeffer abschmecken und zu Tisch geben.

Brokkoli-Soufflé

Die Mitte des Soufflés ist von jedem Bisslosen problemlos zu bewältigen. Der Deckel und die Seitenpartien könnten etwas problematisch sein.

2 Portionen
20 g Butter
2 EL Mehl
1 Tasse Milch
3 Eier getrennt + 1 Eiweiß
300 g Brokkoli-Püree
Salz, Pfeffer, Muskatnuss
Butter zum Ausfetten der Form

- Backofen auf 220 °C vorheizen.
- Aus Butter und Mehl eine Schwitze bereiten. Mit der Milch zu einer festen Béchamelsauce aufkochen, abkühlen lassen. Die Eigelbe und das Gemüsepüree hineinrühren, mit Salz, Pfeffer und Muskat kräftig würzen.
- Das Eiweiß sehr steif schlagen, vorsichtig portionsweise unter die Gemüsemasse heben und diese in eine gebutterte Souffléform füllen. Die Form darf nur zu zwei Dritteln gefüllt sein.
- Das Soufflé in den Ofen geben. Die Hitze nach fünf Minuten auf 180 °C reduzieren. Ohne den Ofen zwischendurch zu öffnen, 40 Minuten lang garen lassen.

Käsesoufflé

2 Portionen
2 EL Butter
2 EL Mehl
1 Tasse Milch
Muskat
3 Eigelb, 4 Eiweiß
knapp 1 Tasse geriebener Greyerzer
Salz, weißer Pfeffer
Butter
1 EL frisch geriebener Parmesan für die Form

- Die Zubereitung ist dieselbe wie beim Brokkoli-Soufflé. Souffléform buttern und mit Parmesan ausstreuen. Soufflé bei 200 °C zunächst fünf Minuten lang anbacken, dann bei 180 °C etwa 40 Minuten garen. Dazu passt Rahmspinat oder -porree.

Zum Brokkoli-Soufflé passt eine Gorgonzola- oder Schmelzkäse-Sauce (s. S. 62f.), eine Tomaten- oder Béchamelsauce. Nach dem gleichen Prinzip kann man auch andere Gemüse-Soufflés herstellen. Besonders geeignet sind Fenchel, Möhren, Paprika, Sellerie, Bleichsellerie, Grünkohl, Rosenkohl, Spinat.

Fleisch, Geflügel und Fisch

Beim Fleisch bleibt wenig Wahl. Man wird vor allen Dingen auf Zubereitungen aus Hackfleisch zurückgreifen müssen, die man allerdings so zart zubereiten kann, dass sie auch ohne Biss zu meistern sind. Wer über ein wenig Biss verfügt, wird auch zarte, pochierte Hühnerbrust in einem Frikassee oder am Stück genießen.

Das Fleisch der meisten Fische ist so zart, dass man es auch mit geringstem oder ganz ohne Biss gut bewältigen kann. Die eigentliche Abwechslung rührt bei pochiertem, gedünstetem, in Butter gegartem, in der Folie oder im Salzteig zubereitetem Fisch von der zugegebenen Sauce her. Anregungen finden sich im letzten Kapitel dieses Buches.

Zarte Fleischbällchen

10–12 Stück

2 Scheiben Toastbrot
etwas Milch
1 Eigelb
1–2 TL Sardellenpaste
250 g mageres, sehr fein durchgedrehtes Hackfleisch (am besten vom Kalb)
Salz, frischer Pfeffer aus der Mühle
abgeriebene Schale von $^1/_2$ Zitrone
frisch geriebene Muskatnuss oder
1 Msp. Muskatblüte
$^3/_4$ l Kalbsbrühe oder Fond aus dem Glas

Zusätzlich für die Sauce

$^1/_4$ l süße Sahne
einige Tropfen Zitronensaft

- Das Toastbrot in der Milch einweichen, ausdrücken und mit Eigelb und Sardellenpaste zu einer glatten Paste verrühren.
- Das Hackfleisch und die Gewürze zugeben, einen geschmeidigen Teig kneten und daraus 10–12 kleine Fleischbällchen formen.
- Die Brühe zum Kochen bringen, die Fleischbällchen einlegen und etwa acht Minuten lang darin ziehen lassen. Herausnehmen und in einer Schüssel warm halten.
- Die Kochflüssigkeit durch ein feines Sieb gießen und kräftig einko-

Zu den Fleischbällchen passen in Butter geschwenkte Pellkartoffeln und ein weiches Gemüse (z. B. Spargelspitzen oder Brokkoli- und Blumenkohlröschen). Statt mit Sardellenpaste kann man den Fleischteig mit Curry würzen und etwas Curry an die Sauce geben. Oder man würzt Fleischteig und Sauce mit etwas Roquefort.

chen. Sahne zugeben und so lange reduzieren, bis die Sauce leicht cremig wird. Mit Salz, Pfeffer und Zitronensaft abschmecken.

- Die Fleischbällchen in die Sauce geben, darin erhitzen und servieren.

Fleischbällchen in chinesischer Würzsauce

- Fleischbällchen wie oben beschrieben aus feinem Rinderhack (Tatar) herstellen, aber alle Gewürze weglassen. Die Bällchen in chinesischer Würzsauce (s. S. 64) garen.

Zarte Fleischküchlein

5–6 Stück

250 g sehr fein gehacktes Hackfleisch
1 EL Schmelzflocken
2 EL kaltes Wasser
1 EL Öl, 1 Ei
Salz, Pfeffer
Öl zum Braten
100 g süße Sahne

- Die Zutaten (ohne das Bratöl und die Sahne) zu einem Fleischteig vermischen und gut durchkneten. Den Teig 15 Minuten lang im Kühlschrank ruhen lassen.
- Mit angefeuchteten Händen fünf bis sechs Fleischküchlein formen, im heißen Fett leicht anbraten, dann den Deckel auf die Pfanne legen, damit die Fleischküchlein keine zu harte Kruste bekommen.
- Wenn sie nach etwa zehn Minuten durchgegart sind, die Sahne darüber gießen und noch etwa ein bis zwei Minuten ziehen lassen.

Marinierte Fleischküchlein: Dazu passen Kartoffelbrei oder andere Kartoffelzubereitungen, Rahm-, Grieß- oder andere Nocken oder Polenta (s. S. 57).

Marinierte Fleischküchlein

Man bereitet den Fleischteig wie oben beschrieben.

Marinade

$^1/_2$ Tasse Granatapfelsirup (Grenadine)
$^1/_2$ Tasse Olivenöl
1 kleine Zwiebel, fein gerieben
$^1/_2$ EL getrockneter Oregano
$^1/_2$–1 Becher süße Sahne

- Fünf bis sechs Fleischküchlein formen und in eine Schale legen. Die Zutaten für die Marinade gut miteinander verrühren und darüber gießen. Zudecken und mehrere Stunden im Kühlschrank durchziehen lassen.
- Die Fleischküchlein in der Pfanne bei aufgelegtem Deckel garen, dabei noch etwas von der Marinade zugeben. Wenn sie gar sind, aus der Pfanne nehmen, die Sauce mit $^1/_2$–1 Be-

cher süßer Sahne aufkochen und zu den Fleischküchlein servieren.

Fleischküchlein „Saltimbocca“

6–8 Stück
250 g Putenschnitzel oder Kalbfleisch
50 g Lachsschinken
2 Scheiben Toastbrot
etwas Milch
1 EL Öl, 1 Ei
50 g geriebener Greyerzer
6–10 frische Salbeiblätter
Salz und Pfeffer
Sahne oder Crème fraîche
1 Schuss italienischer Brandy

- Fleisch und Schinken zusammen zweimal durch den Fleischwolf drehen.
- Das Toastbrot in der Milch einweichen, zusammen mit Öl, Ei, Käse und dem sehr fein geschnittenen Salbei mit dem Fleisch verkneten. Mit Salz und Pfeffer abschmecken.
- Kleine Fleischküchlein formen. In der Pfanne bei aufgelegtem Deckel etwa zehn Minuten lang beidseitig braten. Die Küchlein aus der Pfanne nehmen, den Bratensatz mit Sahne ablöschen und etwas einkochen, nach Geschmack mit einem kleinen Schuss italienischem Brandy aromatisieren.

Hackbraten*

4–6 Portionen
500 g gemischtes Hackfleisch
100 g Zwiebeln, in 1 EL Butter und etwas Weißwein weich gedünstet
4 EL zarte Schmelzflocken
1/2 Tasse Wasser
1 EL fein gehackte Petersilie
1 großes Ei
Salz, Pfeffer, Paprika
1 Packung Frühstücksspeck oder einige sehr dünne Scheiben frisch aufgeschnittener durchwachsener Speck zum Auslegen der Terrinenform.

- Den Backofen auf 200 °C vorheizen. Aus den Zutaten einen Fleischteig zubereiten. Eine Pasteten- oder Terrinenform (mit Deckel) mit dem Frühstücksspeck so auslegen, dass die Scheiben über die Form hängen.
- Den Fleischteig in die Form füllen und fest drücken, den Frühstücksspeck über den Fleischteig klappen, sodass er davon bedeckt ist.
- Den Deckel auf die Form legen. Kochendes Wasser in die Saftpfanne des Backofens gießen, die Form hineinstellen und den Hackbraten etwa 60 Minuten garen.
- Den Braten auf eine Servierplatte stürzen. Den Speck entfernen, den Braten in Scheiben schneiden.

Hackbraten: Man kann dem Fleischteig in Butter angebratene, mit Cognac abgelöschte und dann sehr fein gehackte Geflügelleber untermischen und/oder mit Majoran, Salbei, Thymian oder anderen Gewürzkräutern nach Wahl kräftig würzen und obenauf ein paar leicht zerdrückte Wacholderbeeren und Lorbeerblätter legen, die man vor dem Servieren entfernt.

Statt Hasenfleisch kann man anderes Wildfleisch oder auch Fleisch von enthäutetem Entenbrustfilet nehmen.

Hasenragout

4 Portionen
2 Hasenrückenfilets (je etwa 150 g)
100 g Möhren, geputzt, in Stücken
100 g Sellerieknolle, geschält, in Stücken
50 g getrocknete Tomaten
1 Zwiebel, fein gehackt
1–2 Knoblauchzehen, fein gehackt
Olivenöl und Butter zum Braten
2 EL Tomatenmark
400 ml Wildfond (Glas)
Salz
Cayennepfeffer
Rosmarin- und Thymianpaste

- Die Hasenrückenfilets einmal durch die feine Scheibe des Fleischwolfs drehen.
- Möhre, Sellerie und getrocknete Tomaten ebenfalls durch den Wolf drehen.
- Öl und Butter in der Pfanne erhitzen. Zwiebel und Knoblauch darin glasig dünsten, die Gemüsemasse zugeben, kurz angehen lassen, dann das Tomatenmark zugeben, vier bis fünf Minuten lang schmoren lassen.
- Das Hasenfleisch zugeben, rundum gut anbraten, dann die Hälfte des Fonds angießen, kräftig kochen lassen, bis die Flüssigkeit fast verdampft ist, den Rest des Fonds zugeben. Bei geschlossenem Deckel 30 Minuten lang köcheln lassen.
- Wenn noch viel Flüssigkeit vorhanden sein sollte: bei offenem Deckel kochen lassen, bis sie weitgehend verdunstet ist. Erst jetzt mit Salz, Cayennepfeffer, Rosmarin- und Thymianpaste abschmecken.

Hasenbuletten

6–8 Stück
250 g Hasenrückenfilet
1 EL Schmelzflocken
2 EL kaltes Wasser
1 EL Öl
1 Ei
Salz, Pfeffer
abgeriebene Schale von 1/2 Zitrone
je 1/4 TL Thymian- und Rosmarinpaste
Öl zum Braten
200 ml Wildfond
100 g süße Sahne
Dijonsenf

- Das Hasenfilet durch die feine Scheibe des Fleischwolfs drehen. Mit Schmelzflocken, Wasser, Öl, Ei, Salz, Pfeffer, Zitronenschale, Thymian und Rosmarin zu einem Fleischteig verarbeiten und 6–8 Buletten formen.
- Die Buletten in der Pfanne anbraten, bei aufgelegtem Deckel weitere zehn Minuten lang garen, dann Wildfond angießen und einkochen lassen. Die Buletten aus der Pfanne nehmen, die Sahne angießen, mit Dijonsenf

würzen, die Buletten noch einmal in die Pfanne geben und erneut erhitzen. Mit der Sauce servieren.

Pochierte Hühnerbrustfilets*

Man gibt sie kalt in siedende Brühe oder Sud und lässt sie darin auf kleinster Hitze gar ziehen. Am besten geeignet als Pochierflüssigkeit ist eine kräftige Hühnerbrühe, die man dann gleich mit einer passenden Einlage als ersten Gang des Essens servieren kann.

Zur pochierten Hühnerbrust reicht man beispielsweise eine Sauce Hollandaise und zarte Gemüse oder eine Curry-Zabaione (s. S. 59). Auch eine Frankfurter Grüne Sauce passt ausgezeichnet dazu. Sehr kräftig im Geschmack – und auch nicht so blass – ist Hühnerbrust, die man in chinesischer Würzsauce (s. S. 64) pochiert.

Geflügelhaschee mit Spinat

1–2 Portionen

1 Hähnchenbrustfilet oder 1 Putenschnitzel
1 El Öl
2 EL Brühe oder Cognac
1 Schalotte, fein gehackt
1 Knoblauchzehe, zerdrückt
100 g geputzter Spinat
1 EL frisch geriebener Parmesan
1 EL Pinienkerne
100 g Sahne oder Kaffeesahne
Salz, Pfeffer, Basilikum

- Das Fleisch im Öl beidseitig kross anbraten, aus der Pfanne nehmen, den Bratensatz mit Brühe oder Cognac ablöschen. Schalotte und Knoblauch zugeben.
- Das Fleisch in Streifen schneiden, mit Spinat, Parmesan, Pinienkernen und Bratenfond ein-, bei Bedarf zweimal durch den Fleischwolf drehen.
- Das Haschee in der Pfanne wieder erwärmen, mit der Sahne abrunden. Passt gut zu Polenta, Kartoffelpüree oder anderen Kartoffelzubereitungen.

Geflügelbuletten mit Wermutsahne

5–6 Stück

1–2 aromatische Tomaten
$^1/_2$–1 Tasse trockener Wermut
1 EL Tomatenmark oder Pesto rosso
1 TL Thymianblättchen, gehackt
Salz, Pfeffer
1 Becher süße Sahne

- Nach dem Rezept für zarte Fleischbällchen (s. S. 38) aus Hühner- oder Putenfleisch Buletten zubereiten. Die fertigen Buletten aus der Pfanne nehmen.

Pesto rosso selbst zubereiten: 6 in Öl eingelegte getrocknete Tomaten, 1 Knoblauchzehe, 1 EL Pinienkerne, 1 EL frisch geriebenen Parmesan, 2–3 EL kaltgepresstes Olivenöl und 1 EL Tomatenmark im Cutter fein pürieren. Als Würzpaste verwenden.

Feine Grundsauce zu pochiertem Fisch: 1 klein geschnittene Schalotte mit 100 ml Weißwein, 2 EL trockenem Wermut und 400 ml Fischfond (Glas) zum Kochen kommen lassen und auf $^{1}/_{3}$ reduzieren. $^{1}/_{4}$ l Sahne zugeben, erneut reduzieren. Mit dem Pürierstab 20 g kalte Butter einarbeiten. Mit Salz, Cayennepfeffer und Zitronensaft abschmecken.

- Die Tomaten häuten (s. S. 10). Das Fruchtfleisch ohne Kerne klein schneiden.
- Die Röststoffe aus der Pfanne mit Wermut ablöschen, Tomatenwürfel und -mark zugeben, kräftig mit Thymian, Salz und Pfeffer abschmecken. Die Hälfte der Sahne angießen, die Sauce einkochen lassen. Die restliche Sahne zugeben, die Buletten wieder einlegen und erhitzen.

Fisch richtig pochieren

Man gibt den vorbereiteten Fisch (Filets, Steaks oder Koteletts) in den siedenden Sud und reguliert die Hitze so, dass der Sud nur leicht simmert. Fisch, der richtig kocht, wird zäh und bricht auseinander. Fisch gart bereits bei einer Temperatur von 80 °C. Der Fisch ist gar, wenn das vorher glasig wirkende Fleisch undurchsichtig aussieht und große Gräten sich problemlos herausziehen lassen.

Wurzelsud zum Pochieren

Auf 1 l Wasser nimmt man

1 Tasse Essig
1 Bund Suppengrün
1 kleine Zwiebel
Pfefferkörner, leicht zerstoßen
ein paar Zweige Thymian
reichlich Salz

- Das Wasser aufsetzen, die anderen Zutaten putzen und klein schneiden, in das Wasser geben und 20 Minuten lang köcheln lassen, dann den rohen Fisch hineingeben.

Court Bouillon mit Wein und Gemüsen

Auf 1 l Wasser nimmt man

1 kleine Zwiebel
1 Möhre
1 dünne Stange Lauch
1 Stange Bleichsellerie
jeweils ein paar Stängel Petersilie, Thymian und Dill
1 Lorbeerblatt
Salz
1 Glas trockenen Weißwein

- Die Gemüse waschen und zerkleinern, im Wasser 20 Minuten lang köcheln lassen, erst dann den Wein angießen und zugleich den Fisch zum Pochieren einlegen.

Court Bouillon aus Milch und Wasser

Auf 1 l Salzwasser nimmt man:

$^{1}/_{4}$ l Milch
1 in Scheiben geschnittene Zitrone

- Dieser Sud braucht nicht vorgekocht zu werden. Er ist zum Pochieren weißer Fische wie Heilbutt, Kabeljau, Kaiserbarsch etc. geeignet.

Fisch in chinesischer Würzsauce

Sehr kräftig im Geschmack wird weißfleischiger Fisch, wenn man ihn in chinesischer Würzsauce (s. S. 64) pochiert. Er färbt sich dabei durch die Sojasauce braun.

Andere Garmethoden

In der Folie gegarter Fisch

Pro Fischfilet oder -kotelett ein passendes Stück starke Alufolie zurechtschneiden und mit etwas Öl oder weicher Butter bestreichen. Den gewaschenen Fisch darauf legen, salzen und mit ein wenig Zitronensaft beträufeln, evtl. eine Scheibe Zitrone auflegen und ein paar Kräuter (Petersilie, Dill, Thymian) nach Belieben zugeben. Die Folie über dem Fisch schließen und das Päckchen im vorgeheizten Backofen (180 °C) etwa 30 Minuten lang garen.

Im Salzteig gegarter Fisch

500 g einfaches Haushaltssalz
500 g Mehl
Wasser nach Bedarf
Fischfilet
Wirsing- oder Salatblätter

- Den Backofen auf 250 °C vorheizen. Aus Salz, Mehl und Wasser einen geschmeidigen Teig kneten. Den Teig etwa 1–$1^1/_2$ cm dick ausrollen.
- Den Fisch in Wirsing- oder Salatblätter hüllen, auf den Salzteig legen und den Teig darüber klappen, sodass ein rundum geschlossenes Paket entsteht.
- Das gefüllte Paket in den Backofen geben und je nach Dicke der Fischfilets etwa 30–40 Minuten lang backen. Den Salzteig öffnen (evtl. mit Hammer und Meißel) und den Fisch ohne die Blätter aus der Kruste heben. Zum Fisch eine Sauce nach Geschmack reichen.

Fischmousseline

Die Mousseline eignet sich zum Bereiten von Terrinen. Man kann sie aber auch in kleinen Portionsförmchen im Wasserbad im Backofen garen, man kann Quenelles (s. S. 44) daraus zubereiten und man kann sie auf feine Filets (Seezunge, Forelle) streichen, die dann aufgerollt und im Dampf gegart werden.

Grundrezept

Auf je 100 g rohes Filet von festfleischigem Fisch (Seezunge, Lachs, Seehecht, Kabeljau etc.) rechnet man
1 Eiweiß von einem kleinen Ei
70–100 g flüssige süße Sahne
Salz, Pfeffer
Gewürze

Überbackene Quenelles: Man kann eine Dose Muscheln in Knoblauchsauce oder zerpflückten Räucherfisch vor dem Überbacken in die Velouté geben. Oder die fertigen Klößchen mit frisch geriebenem Parmesan bzw. mit sehr fein gewiegten Kräutern bestreuen.

- Den gut gekühlten Fisch (frischen Fisch am besten in die Tiefkühltruhe legen und anfrieren lassen, tiefgefrorenen Fisch nicht ganz auftauen) in Streifen schneiden. Das leicht angeschlagene Eiweiß dazugeben und mit dem Fisch im Cutter oder Mixer pürieren.
- Die Masse mithilfe eines Teigschabers durch ein feines flaches Sieb streichen (bei völlig grätenfreiem Fisch unnötig) und erneut kühl stellen.
- Die sehr kalte Sahne portionsweise unter die Fischmasse mischen, dabei die Rührschüssel in eine zweite Schüssel mit Eiswasser stellen.
- Die Mousseline nach Geschmack würzen. In jedem Fall mit Salz, evtl. mit weißem Pfeffer; sodann wahlweise mit Cayennepfeffer, Ingwerpulver, Curry, Safran oder fein gewiegten Kräutern.
- Je nach Weiterverwendung der Mousseline kann man auch gewürfelten rohen Fisch, zerpflückten Räucherfisch, Muscheln und gewürfelte, gegarte Gemüse unter die Masse geben.

Überbackene Quenelles

Eine Fischmousseline wie beschrieben zubereiten.

Pro Person
etwa 150 g Fischfilet
Butter zum Ausfetten des Topfes
Velouté (s. S. 58)

- Aus der nach Geschmack gewürzten Mousseline-Masse mit zwei Esslöffeln Klößchen abstechen und nicht zu eng nebeneinander in einen flachen, gut mit Butter ausgestrichenen Deckeltopf geben.
- Vorsichtig so viel kochendes Wasser angießen, dass die Quenelles knapp bedeckt sind. Bei schwacher Hitze zehn Minuten ziehen lassen, bis die Quenelles sich heben und fest anfühlen. Mit einem Schaumlöffel aus dem Wasser heben und in eine flache, ausgebutterte Auflaufform legen.
- In der Zwischenzeit eine sahnige Velouté auf der Basis von Fischfond zubereiten. Verarbeiten Sie darin sämtliche Eigelbe, die Sie von der Bereitung der Mousseline übrig haben.
- Die Quenelles mit der Velouté übergießen. Im Ofen bei 180 °C etwa 30 Minuten überbacken, bis die Velouté stockt und leicht gebräunt ist (evtl. mit Alufolie abdecken).
- Statt die Klößchen in der recht kalorienreichen Velouté zu überbacken, kann man sie allein oder mit in Würfel geschnittenem pochiertem Fisch in einer Sahnesauce (s. S. 42) oder mit einer anderen Sauce servieren.

Feine Lachsmousse

2 Portionen
1 Ei + 2 Eigelb
200 g Lachsfilet ohne Haut, entgrätet
200–250 g Sahne
1 TL Salz, weißer Pfeffer aus der Mühle
100 g Räucherlachs, gewürfelt
Butter zum Ausfetten der Souffléform

- Alle Zutaten und Geräte müssen unbedingt sehr gut gekühlt sein!
- Die Eier verquirlen.
- Den Lachs in Stücke schneiden, dann im Cutter oder Mixer zerkleinern und dabei Eier und Sahne zugeben. Es soll eine dickcremige Masse entstehen, die man mit Salz und Pfeffer abschmeckt.
- Die Hälfte der Masse in eine gut ausgebutterte Souffléform von 1 l Inhalt füllen. Den gewürfelten Räucherlachs gleichmäßig darauf verteilen, die restliche Masse darüber geben. Die Form mit Frischhaltefolie bedeckt einige Stunden im Kühlschrank ruhen lassen, damit sich die Mousse beim Garen nicht hebt.
- Die Lachsmousse heiß zu grünen Spargelspitzen mit Spargel-Zabaio (s. S. 60) reichen. Man kann sie auch in kleinen Förmchen von $^1/_8$ l Inhalt garen, kalt werden lassen, stürzen und als feine Vorspeise mit etwas Crème fraîche und Kaviar reichen.

Anpochierter Kaiserbarsch mit Hummersouffléhaube

Nur kurz anpochierten, noch nicht ganz durchgegarten Fisch kann man mit einer Souffléhaube überziehen und im Ofen überbacken.

Pro Person
1 Kaiserbarschfilet (nach Belieben vorgegart, z. B. in der Alufolie im Ofen).

- Nach dem Rezept auf S. 60 eine Hummer-Zabaione zubereiten.
- Ein sehr steif geschlagenes Eiweiß vorsichtig unter die Zabaione ziehen. Den vorgegarten Fisch in eine flache Auflaufform legen, die Zabaione darüber geben und im Backofen (220 °C) acht bis zehn Minuten lang überbacken.
- Sofort servieren, denn die Souffléhaube fällt leicht zusammen.

Timbales von gekochtem und rohem Gemüse

Gemüse sind als Vitamin- und Ballaststoff-Lieferanten unverzichtbar. Auf Salat und Rohkost müssen Bissbehinderte leider verzichten, doch Gemüse können sie verzehren und die müssen keineswegs zu Mus verkocht sein. Sehr vielseitig sind Timbales, die man als Beilage, Vorspeise oder Zwischengericht reichen kann.

Timbales von gekochtem Gemüse

Grundsätzlich eignen sich alle Gemüse, die man nicht roh verzehren würde, für diese Art von Timbales, doch ergeben Gemüse mit sehr schwachem Eigengeschmack, z. B. Auberginen, kein berauschendes Ergebnis.

Man kocht das Gemüse in etwas Salzwasser gar, keinesfalls richtig weich, lässt es abtropfen und streicht es durch ein Sieb oder püriert es im Mixer. Dann gibt man die zuvor mit der Sahne leicht verquirlten Eier und Gewürze zu, füllt die Masse in gut ausgebutterte Förmchen und gart die Timbales, wie auf S. 9 beschrieben.

Mit etwas eingeweichtem Toastbrot (feine Haferflocken, Mehlpanade, Püree von gekochten weißen Bohnen) kann man die Timbales festigen und ihren Sättigungsgrad erhöhen, allerdings leidet der feine Geschmack.

Grundrezept (4–5 Förmchen)
Auf 100–150 g Püree von gekochtem Gemüse braucht man
1–2 Eier
25 ml süße Sahne
Salz, weißen Pfeffer
Gewürze und Kräuter nach Geschmack
Butter zum Ausstreichen der Förmchen

Timbales dieser Art werden sehr locker. Man lässt sie nach dem Garen ein paar Minuten ruhen, stürzt sie dann auf den Teller und reicht eine passende Sauce (z. B. Zabaione) dazu.

Kürbis-Timbales

6–8 Förmchen
250 g gewürfeltes Kürbisfleisch
50 g fein gemahlene Mandeln (oder Kürbiskerne)

Die Kochbrühe der Gemüse sollte man aufheben und für Suppen oder Saucen verwenden. Man kann sie auch einfrieren und mehrmals Gemüse darin kochen, sodass sich ihr Geschmack verstärkt.

je 30 g frisch geriebener Parmesan
3 Eier
1 EL Kürbiskernöl
Cayennepfeffer

- Den Kürbis garen (s. S. 53) und pürieren. Mandeln und Käse mit dem Püree mischen, die Eier verquirlen und zugeben, mit Kürbiskernöl und Cayennepfeffer abschmecken. In gebutterten Timbaleförmchen garen.

Fenchel-Timbales mit Pernodsahne

Fenchel-Timbales passen besonders gut zu gedünstetem weißem Fisch.

6 Förmchen
1 Fenchelknolle (etwa 250–300 g), klein geschnitten
Salz
weißer Pfeffer
2–3 Eier
2 EL frisch geriebener Parmesan
1 Becher süße Sahne
1 Prise gemahlener Koriander
2–3 EL Anisette (z. B. Pernod)

- Den Fenchel in Salzwasser zehn Minuten lang garen und pürieren, mit Parmesan und Eiern vermischen, in gebutterten Förmchen garen.
- Inzwischen die Kochflüssigkeit des Fenchels einkochen, Sahne und Pernod zugeben, mit Pfeffer und Koriander würzen, im offenen Topf köcheln lassen, bis die Sauce sämig wird.

Timbales von Roter Bete

3–4 Förmchen
100 g gegarte Rote Bete
1–2 Eier
2 EL Crème fraîche
Salz
Gewürze nach Geschmack, etwa gemahlener Kümmel

- Die Rote Bete klein schneiden und zusammen mit der Crème fraîche im Mixer pürieren. Die leicht verquirlten Eier unterrühren, mit Kümmelpulver würzen und die Masse in gebutterten Timbaleförmchen garen wie beschrieben.
- Dazu reicht man Crème fraîche, eine Béchamelsauce mit Meerrettich oder eine Senf-Zabaione (s. S. 59).

Timbales von rohem Gemüse

Alle Gemüse, die man grundsätzlich auch roh essen könnte – und das sind ja die meisten –, eignen sich roh püriert für Timbales. Man muss sie lediglich putzen, waschen und kurz in kochendem Wasser blanchieren.

Statt roher, frischer Gemüse kann man aufgetaute Tiefkühlware verwenden, die man direkt weiterverarbeitet – das geht besonders schnell.

Wünscht man eine etwas festere Bindung, eignen sich auch hier eingeweichtes Toastbrot, pürierter gekochter Reis, Mehlpanade oder einfach ein wenig Speisestärke.

Grundrezept (4–5 Förmchen)
100–120 g Püree von rohem, blanchiertem Gemüse oder aufgetauter TK-Ware
2 EL süße Sahne oder Kaffeesahne
1–2 Eier
Salz,weißer Pfeffer
evtl. 1 EL geriebener Hartkäse oder frische Kräuter

- Die weitere Zubereitung erfolgt wie auf S. 47 und S. 9 beschrieben.

Würzige Mais-Timbales

4–5 Förmchen
2 Tassen Maiskörner, (TK-Ware, aufgetaut)
1 Schalotte, fein gewürfelt
2 EL Kaffeesahne
Salz
1 TL Paprikapulver
1 kräftige Prise Cayennepfeffer
2 Eier
2 EL geriebener Hartkäse

- Aus Mais, Schalotte und Kaffeesahne im Mixer ein glattes Püree bereiten. Mit Paprika, Cayennepfeffer und Salz kräftig abschmecken. Die leicht verklepperten Eier und den Käse unterrühren. Die Masse in gebutterte Timbaleförmchen füllen und garen.

Indische Blumenkohl-Timbales

6–8 Förmchen
2 EL Pflanzenöl
1 Zwiebel, fein gewürfelt
Kreuzkümmel, Kurkuma, Cayennepfeffer und Korianderpulver
1 Stück frische Ingwerwurzel, fein gerieben
300 g Blumenkohlröschen
2 große Eier
1 Becher süße Sahne

- Öl erhitzen, die Zwiebel darin weich dünsten, die Gewürze in beliebiger Menge darüber streuen und den Ingwer zugeben.
- Den Blumenkohl mit zwei Drittel der Zwiebelmischung pürieren. Die Eier mit 2 EL der Sahne verquirlen, unter das Püree rühren. Die Masse in gebutterten Einzelförmchen oder einer größeren Souffléform garen.
- Die restliche Zwiebelmischung mit der Sahne pürieren und auf kleiner Flamme sämig einkochen. Abschmecken und zu den Timbales servieren.

Timbales von dicken Bohnen

4 Förmchen
200 g dicke Bohnen (TK-Ware)
2 EL Sahne
Salz, weißer Pfeffer
einige Blättchen frisches oder gerebeltes Bohnenkraut
1 Ei

- Die tiefgefrorenen dicken Bohnen in kaltes Wasser geben, eine Minute lang stehen lassen, dann die erbsengrünen weichen Kerne aus den dicklichen Schalen drücken. Die weitere Zubereitung erfolgt wie beschrieben. Auch zu ihnen passt Dillsahne.

Möhren-Timbales mit Dillsahne

4–5 Förmchen
200–250 g tiefgefrorene Möhren, aufgetaut
2 Eier
Salz, weißer Pfeffer
1 Becher süße Sahne
1 Bund frischer Dill

- Timbales wie beschrieben zubereiten. Während sie garen, die Sahne in einem Topf einkochen lassen und den Dill fein hacken. Kurz vor dem Servieren den Dill in die Sahne geben. Die Sauce mit Salz und weißem Pfeffer abschmecken und zu den Timbales reichen.

Spinat-Timbales

3–4 Förmchen
100 g Blattspinat (TK-Ware, aufgetaut, gut ausgedrückt)
1/2 Becher Sahne
2 EL geriebener Pecorino
1 Knoblauchzehe
2 Eier
Muskat, Salz, weißer Pfeffer

- Spinat mit Sahne, Pecorino und Knoblauch pürieren. Eier verquirlen und unterrühren. Weitere Zubereitung wie beschrieben.
- Spinat-Timbales passen mit weißer Sauce zu Pellkartoffeln oder Kartoffelpüree, vor allem aber auch mit einer Sahnesauce oder Sauce Hollandaise zu gedünstetem Lachssteak.

Timbales von gelber Paprika mit roter Paprikasauce

Da Paprika ein wasserhaltiges Gemüse ist, braucht man leichte Bindung, doch muss man die Paprika weder blanchieren noch häuten. Man püriert sie lediglich.

Man nimmt für je 100 g rohe gelbe Paprika:

1 Ei
1 EL Sahne
1 gestrichenen TL Speisestärke
Salz
Paprikapulver
evtl. ein Hauch Cayennepfeffer.
Rote Paprikasauce s. S. 62

Natürlich kann man auch die Timbales von roter und die Sauce von gelber Paprika herstellen. Oder zweifarbige Timbales zubereiten und eine Béchamelsauce dazureichen.

Bunte Timbales

Man bereitet aus farblich kontrastierenden, geschmacklich harmonierenden Gemüsen, etwa Blumenkohl und Brokkoli, Erbsen und Karotten, gelben und roten Paprika, nach dem Grundrezept zwei Timbalemassen, die man dann vorsichtig in zwei oder drei abwechselnden Schichten in mehrere kleine oder eine größere Form füllt.

Zusätzlich bereitet man eine Sauce in einer dritten Farbe wie z. B. eine weiße Béchamelsauce, eine Sahnesauce mit Safran, roter oder gelber Paprika, eine Tomatensauce, eine Spinatsauce.

Die Zubereitung von geschichteten Timbales ist nur geringfügig aufwendiger als die der einfachen Timbales, aber sie bieten schon durch ihren Anblick eine genussvolle Abwechslung.

Mit Timbalemasse gefüllte Zucchini*

Grüne oder gelbe nicht zu dünne Zucchini in 5–6 cm lange Stücke schneiden und mit dem Apfelausstecher aushöhlen. Eine farblich passende Timbalemasse (z. B. aus Möhren, Markerbsen, Mais, Paprika) zubereiten und mit eingeweichtem Toastbrot, Speisestärke oder Kartoffelpüreepulver so weit binden, dass die Masse spritzfähig wird.

Die ausgehöhlten Zucchini mit der Timbalemasse füllen. Etwas Wasser in einen Topf geben, einen Dämpfeinsatz hineinstellen und die gefüllten Zucchini in etwa 20 Minuten gar dämpfen. Am Stück oder vorsichtig in Scheiben geschnitten als Beilage servieren.

Nocken, Klößchen, Beilagen und Saucen

Die hier vorgestellten Nocken und Beilagen sind weich und können leicht mit der Zunge zerdrückt werden. Sie eignen sich als Zukost zu Saucen, zum Teil aber auch als Einlagen in Suppen. Die Zubereitung folgt einheitlichen Grundprinzipien. Man kann also experimentieren und selbst eigene Nocken und andere Beilagen erfinden.

Die Saucen sind das, was vielen Speisen erst Abwechslung gibt. Viele Saucen werden als Fertigprodukte angeboten. Wer wenig Zeit hat, wird darauf zurückgreifen. Selbst zubereitete Saucen haben den Vorteil, dem individuellen Geschmack gerecht werden zu können. Wie alle Rezepte verstehen sich also auch die Saucenrezepte als variable Vorschläge.

Kürbis-Nocken

2 Portionen
300 g Kürbisfleisch
2 Eigelb
2–3 EL Mehl
Salz, Pfeffer

- Das Kürbisfleisch würfeln und in einem Topf über schwacher Hitze ohne Zugabe von Fett oder Wasser in etwa 20 Minuten garen. Dabei ununterbrochen rühren, damit der Kürbis nicht ansetzt. Einfacher – und schneller – geht es im Dampftopf. Dazu den Kürbis geschält, aber am Stück in den Siebeinsatz legen, etwas Wasser in den Topf geben und den Siebeinsatz so hineinstellen, dass das Wasser den Kürbis nicht berührt. In fünf Minuten unter Dampf ist er weich und trotzdem ziemlich trocken.
- Den Kürbis in einer Schüssel gründlich zerdrücken. Das Mus mit Eigelb und so viel Mehl vermischen, dass ein lockerer Teig entsteht, den man mit einem Löffel abstechen kann. Den Teig 30 Minuten lang ruhen lassen, damit das Mehl ausquellen kann.
- Inzwischen in einem großen Topf Salzwasser mit einem Schuss Öl erhitzen. Mit zwei Teelöffeln vom Teig Nocken abstechen, in das siedende Wasser geben und so lange ziehen lassen, bis sie an die Oberfläche steigen.

Diese zarten safrangelben Kürbis-Nocken bekommen einen geradezu exquisiten Geschmack, wenn man der Masse 1–2 TL Kürbiskernöl und 1 EL frisch geriebenen Parmesan untermengt. Mit zerlassener Butter und einem Klacks Kürbiskernpesto (s. S. 29) ergeben sie eine ausgezeichnete Vorspeise.

Im Piemont, der Heimat der Gnocchi, isst man sie lediglich mit Salbeibutter. Sie passen aber auch zu einer Tomatensauce, zu Pesto (s. S. 29), zu Fleisch- und Gemüsesaucen.

- Die Nocken mit einer Schaumkelle aus dem Wasser nehmen und auf Küchenkrepp abtropfen lassen.

Möhren-Nocken

2 Portionen
2–3 große, dicke Möhren (etwa 300 g)
2 Eigelb
2 EL Mehl
Salz, Pfeffer

- Die Möhren schaben, in ein Stück Alufolie wickeln, im Backofen bei 180 °C etwa eine Stunde garen, dann zu Mus zerdrücken. Die weitere Zubereitung wie bei Kürbis-Nocken auf S. 53 beschrieben.

Süßkartoffel-Nocken

2–3 Portionen
500 g Süßkartoffeln
Mehl nach Bedarf
1 Ei + 1 Eigelb
Salz, weißer Pfeffer
je 1 Prise Muskatnuss, Nelkenpulver und gemahlener Koriander

- Die Süßkartoffeln schälen, in 2–4 Stücken im Dampftopf oder im Topf mit sehr wenig Wasser garen. Die weitere Zubereitung erfolgt wie bei Kürbis-Nocken auf S. 53 beschrieben.

Gnocchi

4–6 Portionen
1 kg Kartoffeln
1 großes Ei
Mehl nach Bedarf
$^1/_2$ TL Backpulver
Salz, Muskatnuss

- Die Kartoffeln mit Schale kochen, gut abdämpfen, pellen, noch heiß durch die Kartoffelpresse drücken und abkühlen lassen.
- Ei und Backpulver zugeben, locker verkneten. Dabei esslöffelweise Mehl einarbeiten. So viel Mehl zugeben, dass der Teig nicht mehr klebt.
- Auf leicht bemehlter Arbeitsplatte mit bemehlten Händen aus etwa tennisballgroßen Teigbrocken daumendicke Würstchen drehen. Davon etwa 2 cm lange Stückchen abschneiden.
- In einem großen Topf Salzwasser aufkochen. Die Nocken darin garen, bis sie an die Oberfläche steigen.

Schnelle Gemüse-Kartoffel-Nocken

1 Portion
100 g TK-Gemüse nach Geschmack
1 Ei
2 gehäufte EL Flockenpüree aus der Tüte
Salz, Pfeffer
Butterschmalz oder Öl zum Ausbacken

- Das Tiefkühlgemüse (besonders geeignet sind Möhrenscheiben, Brokkoli, Blumenkohl, grüne Erbsen, Zuckererbsen, aus der Haut gedrückte dicke Bohnen) auftauen lassen und mit einem Ei im Mixer pürieren.
- Das Flockenpüree einrühren und den Teig etwa 30 Minuten lang ausquellen lassen. Mit Salz und Pfeffer und anderen Gewürzen (z. B. Muskat, Paprika, Cayennepfeffer, Curry, Piment) nach Geschmack und Belieben würzen. Man kann auch Kräuter oder geriebenen Hartkäse in den Teig geben.
- Mit zwei Teelöffeln kleine Nocken abstechen und im heißen Fett schwimmend ausbacken. Dazu Butterschmalz in einer kleinen Pfanne mit hohem Rand zerlassen, eine Fritteuse ist nicht nötig. Die im Fett ausgebackenen Nocken kurz auf Küchenkrepp abtropfen lassen. Obwohl ausgebacken sind die Nocken für jeden Esser mit noch so großen Bissproblemen geeignet.

Quarktaler*

2–3 Portionen
500 g Magerquark
2–3 Eigelb (je nach Größe)
50 g Mehl, plus Mehl zum Bestäuben
Salz
Cayennepfeffer oder Paprika

- Den Quark in ein mit Mull ausgekleidetes Sieb geben, mit einem Gewicht beschweren und mindestens eine Stunde lang gut abtropfen lassen (s. S. 10), dann durch ein Sieb in eine Schüssel streichen. Die Eigelbe einrühren und das Mehl mit Salz und Gewürzen einarbeiten.
- Das Mulltuch auf der Arbeitsfläche ausbreiten und mit Mehl überstäuben. Den Quarkteig darauf geben und mithilfe des Tuches zu einer Rolle von etwa 5 cm Durchmesser formen. Das Tuch fest darumlegen, an den Enden zubinden und auf einem Sieb im Kühlschrank erneut mindestens eine Stunde lang ruhen lassen.
- Die Rolle vorsichtig öffnen, vom Teig etwa 2 cm breite Taler abschneiden und in nicht zu heißem Butterfett auf jeder Seite etwa drei Minuten lang ausbacken. Eine sämige Paprikasauce passt besonders gut dazu.

Quarktaler: Für die beschriebene Zubereitung ist leichter Biss nötig. Wer den nicht hat, nimmt die nicht ausgepackte Rolle und gart sie am Stück wie einen Serviettenknödel in siedendem Salzwasser. Das dauert, je nach Größe der Rolle, etwa 45–60 Minuten. Öffnen und in Scheiben aufschneiden.

Rahm-Nocken

Grundteig für 2–3 Portionen
200 g Schmant
Salz, frisch geriebene Muskatnuss
3–4 EL Mehl
1 ganzes Ei + 1 Eigelb

- Den Schmant in einem Topf erhitzen. Mit Salz und Muskat würzen, Mehl dazuschütten und kräftig

Auch Grieß-Nocken kann man mit entsprechenden Beigaben und Gewürzen variieren, z. B. mit Korianderpulver und sehr fein gehacktem Koriandergrün (Cilantro), mit frisch geriebenem Parmesan, Pecorino oder anderem geriebenen Hartkäse, mit fein gehacktem Borretsch, Kerbel, Schnittlauch oder anderen frischen Kräutern.

rühren. Sobald ein zäher Teig entstanden ist, die Masse unter gelegentlichem Rühren abkühlen lassen.

- Ei und Eigelb unter die erkaltete Masse rühren. Kräftig schlagen, damit die Eier ganz absorbiert werden.
- Wasser mit etwas Salz zum Sieden bringen. Mit zwei Teelöffeln kleine Nocken abstechen und 12–15 Minuten gar ziehen lassen.

Grieß-Nocken

2 Portionen

20 g Butter
$^1/_4$ l Milch
70 g Grieß
1 großes Ei
Salz, Muskat

- Die Milch mit der Butter erhitzen, langsam den Grieß einrühren und so lange auf dem Herd abdämpfen, bis ein dicker Brei entstanden ist.
- Den Topf vom Herd nehmen, die Masse mit Salz und Muskat würzen, auskühlen lassen. Das Ei einrühren, mit zwei Kaffeelöffeln Nocken abstechen, in siedendem Salzwasser etwa acht Minuten gar ziehen lassen.

Grünkern-Nocken

1–2 Portionen

$^1/_4$ l kräftige Brühe
70 g Grünkerngrieß
1–2 EL Mehl
1 Ei

- Die Zubereitung erfolgt wie bei den Grieß-Nocken.

Buchweizen-Nocken

1–2 Portionen

20 g Butter
60 g Buchweizenmehl
1 Tasse Brühe
1 Ei
Salz

- Die Butter in einem Topf erhitzen, das Buchweizenmehl hineingeben und unter Rühren ein wenig Farbe nehmen lassen. Die kalte Brühe zugießen und kräftig rühren, bis ein zäher Brei entsteht.
- Den Buchweizenbrei vom Herd nehmen, abkühlen lassen und das Ei einarbeiten. Man muss hierbei sehr kräftig rühren, damit das Ei vollständig aufgenommen wird, evtl. Knethaken einsetzen.
- Den Teig etwa 30 Minuten lang ruhen lassen. Wasser zum Kochen bringen und etwas Salz zusetzen. Mit zwei Teelöffeln kleine Nocken abstechen und im siedenden Salzwasser etwa fünf Minuten lang gar ziehen lassen.

Polenta

$^{3}/_{4}$ l Wasser (oder Wasser und Milch je zur Hälfte oder Brühe)
1 TL Salz
150 g Maisgrieß (Polenta, nach Geschmack fein oder grob)

- Wasser mit Salz zum Kochen bringen. Unter ständigem Rühren den Maisgrieß einrieseln lassen. Das geht besonders gut, wenn man ihn in eine Papiertüte gibt und unten eine kleine Ecke abschneidet. Dann rieselt der Grieß in dünnem Strahl heraus. Anfangs spritzt die Polenta sehr, deshalb den Topf kurz vom Herd nehmen.
- Die Polenta auf kleinster Flamme 15–30 Minuten lang quellen lassen, zwischendurch immer wieder rühren.

Grobes Püree von gebackenen Kartoffeln

2–3 Portionen
500 g Kartoffeln, in 2 cm große Würfel geschnitten
$^{1}/_{2}$ Tasse gutes Olivenöl
Saft von $^{1}/_{2}$ Zitrone
$^{1}/_{4}$ TL Rosmarinpaste
$^{1}/_{4}$ TL Thymianpaste
Salz
Pfeffer

- Den Backofen auf 180 °C vorheizen. Die Kartoffeln in eine flache Auflaufform geben.
- Öl, Zitronensaft, Kräuter, Salz und Pfeffer gut verquirlen und über die Kartoffeln gießen. Die Form mit dem Deckel oder Alufolie abdecken und für 35–40 Minuten in den Ofen geben.
- Die gegarten Kartoffeln entweder aus der Form nehmen und den einzelnen Bissen mit der Gabel auf dem Teller zerdrücken oder die Kartoffeln in der Form zerdrücken und dabei das Würzöl einarbeiten.

Feines Kartoffelpüree

Mehlig kochende Kartoffeln schälen, halbieren oder vierteln, in Salzwasser gar kochen, abgießen, abdämpfen, damit alle verbliebene Flüssigkeit verdunstet. Die heißen Kartoffeln durch ein Passiersieb streichen. Den Brei mit etwas heißer Milch (100 ml auf 250 g Kartoffeln) und einem Stück Butter sämig rühren, mit Salz, weißem Pfeffer und etwas Muskatblüte (Mazis) abschmecken.

Varianten

Gemüsepüree

- Kartoffeln und jeweils die gleiche Menge Sellerieknolle (oder Karotten,

Man kann die Polenta sofort, wenn sie ausgequollen ist, mit einer beliebigen Sauce servieren. Oder in eine mit Öl ausgepinselte Form füllen, kalt werden lassen, dann stürzen, in Scheiben schneiden und aufbacken. Man kann ihr auch frische, fein gehackte oder tiefgekühlte Kräuter untermischen.

grüne Erbsen oder ein anderes passendes Gemüse) getrennt weich dünsten, zusammen mit den Kartoffeln pürieren, das Püree mit Sellerie- oder Knoblauchsalz abschmecken.

Grünes Püree

- Sehr fein gewiegte Kräuter oder 1 Päckchen TK-Kräutermischung oder einen Kräuterling unter das Kartoffelpüree mischen.

Rotes Püree

- Paprika- und/oder Tomatenmark und milden oder scharfen Gewürzpaprika untermischen.

Gelbes Püree

- Das Kartoffelpüree mit eingeweichtem Safran oder mit 1 TL Kurkuma (Gelbwurz) und etwas Curry würzen.

Käsepüree

- Frisch geriebenen Parmesan, Pecorino oder anderen geriebenen Hartkäse in das fertige Püree einrühren.

Kartoffelschnee

- Kartoffeln als Salzkartoffeln kochen. Die garen Kartoffeln abdämpfen, durch eine Kartoffelpresse mit feiner Lochung direkt auf den vorgewärmten Teller pressen. Ein Butterflöckchen darauf setzen, mit einem Hauch Muskat überstäuben und mit sehr fein gehackter Petersilie garnieren.

Velouté

Eine mit Eigelb und Sahne angereicherte, sehr dicke weiße Sauce, die sich zum Überbacken eignet. Das Rezept ergibt die kleinstmögliche Portion.

2 EL Butter
30 g Mehl
1 Tasse Brühe oder Fond
1 Eigelb
$^1/_2$ Tasse süße Sahne
Salz, weißer Pfeffer
ein paar Tropfen Zitronensaft

- Die Butter im Topf zerlassen, Mehl einstäuben und eine Minute lang unter Rühren anschwitzen. Portionsweise die kalte Brühe einrühren, nach jeder Zugabe die Mischung aufwallen lassen. Wenn die gesamte Brühe eingearbeitet ist, die Sauce ein paar Minuten köcheln lassen, dann vom Herd nehmen.
- Das Eigelb mit der Sahne verquirlen, etwas von der heißen Sauce zugeben, verrühren und zur Mehlsauce in den Topf geben. Gut durchrühren, nicht mehr aufkochen. Mit Salz, Pfeffer, Zitronensaft und/oder anderen Gewürzen abschmecken.

Sauce Hollandaise

4 Portionen
175–200 g Butter
3 Eigelb
1 EL Zitronensaft (oder trockener Weißwein oder Weißweinessig)
Salz
1 Prise Cayennepfeffer

- Die Butter zerlassen und warm halten, sie darf nicht zu heiß werden und schon gar nicht bräunen.
- Die Eigelbe mit dem Zitronensaft in einem Wasserbadtopf oder Schlagkessel über Dampf dicklich aufschlagen. Während man ununterbrochen schlägt, gibt man langsam in sehr dünnem Strahl die warme Butter zu.
- Zum Schluss kann man außerdem zugeben: frisch gehackte Kräuter; Tomaten- oder Paprikamark; eingekochten Orangensaft (möglichst von Blutorangen) und sehr fein abgeriebene Orangenschale; Paste von schwarzen Oliven (Tapenade); Pesto rosso (s. S. 41); Curry und frisch geriebene Ingwerwurzel.

Pikante Zabaione

Die warme Eierschaumcreme ist hauptsächlich als Süßspeise bekannt, doch kann man sie auch pikant zubereiten.

Für die kleinstmögliche Portion braucht man
2 Eigelb (oder 1 Ei + 1 Eigelb)
1 Eierbecher voll Flüssigkeit
Gewürze

- Alle Zutaten zusammen in einen Schlagkessel geben und über heißem Dampf aufschlagen, bis ein cremiger Schaum entstanden ist. Wasserbadschüssel von der Hitzequelle nehmen und noch ein wenig schlagen, bis die Zabaione wieder etwas abgekühlt ist. Sofort servieren.

Curry-Zabaione

Kleinstmögliche Portion
1 ganzes Ei + 1 Eigelb
1 Eierbecher trockener Sherry
1 EL Currypaste oder Currypulver nach Geschmack
Salz

- Die Zubereitung erfolgt wie oben beschrieben.

Senf-Zabaione

2–3 Portionen
3 Eigelb
$^1/_2$ Glas trockener Weißwein
$^1/_4$ TL Honig
1 knapper EL Dijonsenf
Salz

Man kann zum Aufschlagen der Zabaione einen Elektroquirl nehmen, doch darf man ihn nur auf geringste Geschwindigkeit stellen und muss ihn ständig bewegen, damit die Zabaione am Rand nicht fest wird. Sie gelingt besser, wenn man sie per Hand mit dem Schneebesen aufschlägt.

1 Prise Cayennepfeffer
evtl. ein wenig Senfpulver

- Die Zubereitung erfolgt wie auf S. 59 beschrieben. Sie passt besonders gut zu Fisch und marinierten Gemüsen (s. S. 16).

Kräuter-Zabaione

2–3 Portionen
3 Eigelb
1/2 Glas trockener Weißwein oder
1/2 Tasse Brühe
2–3 EL fein gewiegte Kräuter (entweder gemischt oder nur von einer Sorte, z. B. Kerbel, Dill oder Basilikum).

- Die Zubereitung erfolgt wie auf S. 59 beschrieben. Die Kräuter erst ganz zum Schluss unterheben.

Hummer-Zabaione

2–3 Portionen
1 Glas Hummerfond (400 ml)
1 Knoblauchzehe, halbiert
1 Schalotte, halbiert
3 Eigelb

- Den Fond mit Knoblauch und Schalotte auf starker Hitze auf etwa 1/2 Tasse einkochen. Knoblauch und Schalotte herausfischen, mit der Flüssigkeit eine Zabaione aufschlagen (s. S. 59). Statt Fond können Sie auch Hummer-Suppen-Paste verwenden.

Spargel-Zabaione

2 Portionen
250 g Spargel
1 TL Zucker
Salz, weißer Pfeffer
2 Eigelb + 1 ganzes Ei

- Spargel waschen, schälen, Schalen in wenig Wasser auskochen und gut ausdrücken. Dem Kochwasser der Schalen Zucker und Salz zugeben, Spargel darin garen (15–20 Minuten).
- Spargel pürieren, die Köpfe unpüriert beiseite legen.
- Eigelbe und Ei mit 1/2 Tasse des heißen Spargelwassers wie auf S. 59 beschrieben zur Zabaione aufschlagen. Das Spargelpüree unter die fertige Zabaione heben. Die Spargelköpfe auf einem Teller anrichten, die Zabaione darüber geben.

Spargel-Zabaione: Einen Teil der Spargelstangen roh mitpürieren, es intensiviert den Geschmack. Nach diesem Muster kann man auch andere Gemüse-Zabaionen herstellen, etwa Fenchel-Zabaione, die man zum Schluss mit einen Schluck Pernod aromatisieren kann. Sie passt zu einer Lachsmousse (s. S. 45) oder zu pochiertem Fisch.

Sahne-Zabaione mit Basilikum

2–3 Portionen
1–2 Bund Basilikum
2 Eigelb
1 Becher süße Sahne
Salz
Pfeffer aus der Mühle

- Die Basilikumblätter von den Stängeln zupfen und sehr fein hacken.
- Zabaione wie auf S. 59 beschrieben zubereiten, Basilikum zugeben, salzen und pfeffern.

Gemüsecreme-Sauce

2–3 Portionen

300 g TK-Gemüse nach Geschmack, aufgetaut
2 Eigelb
1 Becher Sahne
30 g Butter
Salz und Pfeffer
evtl. frisch geriebener Parmesan und/oder Kräuter nach Geschmack

- Das Gemüse (am besten eignen sich Karotten, Erbsen, Brokkoli, Blumenkohl, Romanesco) pürieren. Eigelb mit der Sahne, je eine Prise Salz und Pfeffer, passendem Gewürz oder Kräutern gut verschlagen.
- Butter in einem Topf zerlassen, das Gemüsepüree hineingeben und erhitzen, die vorbereitete Sahnesauce zugeben, heiß werden lassen, aber nicht kochen.

Zwiebelmus

Kleinste lohnende Menge

500–600 g Zwiebeln
100 g Butter
1 TL Zucker
Salz, Pfeffer
1 EL Aceto balsamico
$^1/_2$ Glas herber Weißwein
etwas Thymian

- Die Zwiebeln mit dem Gurkenhobel in sehr dünne Scheiben schneiden.
- Die Butter in einer schweren Pfanne zerlassen, die Zwiebeln hineingeben und glasig dünsten. Zucker, Salz, Pfeffer, Aceto balsamico (oder Estragon-Essig), Weißwein und Thymian zugeben. Deckel auf die Pfanne legen, Hitze reduzieren und die Zwiebeln mindestens eine Stunde lang köcheln lassen. Zwischendurch ab und zu umrühren. Möglicherweise muss man die Kochzeit verlängern.
- Es sollte ein hellbraunes Mus entstehen, das man je nach Wunsch durch ein Sieb passieren oder so lassen kann.

Champignonsauce

2–3 Portionen

1 EL Butter
1 Schalotte, fein gewürfelt
250 g Champignons, geputzt, blättrig geschnitten
1 Tasse Pilzfond (Glas)
1 Päckchen getrocknete Steinpilze

Da man das Zwiebelmus einfrieren kann, lohnt sich die Zubereitung der hier angegebenen großen Menge. Zwiebelmus passt als Beilage zu Nocken und Kartoffelzubereitungen, man kann es aber auch als Grundlage einer Zwiebelsuppe verwenden. Püriertes Zwiebelmus kann man anderen Saucen beimischen. Man kann das Mus mit leicht eingekochter Sahne oder Crème fraîche verfeinern.

1 Bund Liebstöckel
Salz, weißer Pfeffer
$^1/_2$ Becher süße Sahne

Porreesauce: Statt des Porrees TK-Rahmspinat verwenden. Man kann als Variation auch frisch geriebenen Parmesan oder Pecorino untermischen und/oder mit Muskatnuss würzen.

- Die Butter zerlassen, Schalotte darin anschwitzen, Champignons zugeben und unter Wenden anbraten. Den Pilzfond angießen und die Pilze bei geschlossener Pfanne drei bis vier Minuten lang garen lassen.
- Inzwischen die Steinpilze in der Elektromühle pulverisieren und den Liebstöckel grob hacken. Beides zu den Champignons geben und durchrühren.
- In den Mixer geben und unter langsamer Zugabe der Sahne zu einer sämigen dicken Creme pürieren, mit Salz und Pfeffer abschmecken.

Rote Paprikasauce

2–3 Portionen
1 große rote Paprikaschote, gewürfelt
1 TL Butter
1 Becher süße Sahne
Salz, Paprikapulver
Cayennepfeffer

Rote Paprikasauce: Auf die gleiche Art bereitet man gelbe Paprikasauce, man kann sie mit Curry und/oder Ingwerpulver würzen.

- Die Paprikawürfel in Butter andünsten, Sahne zugießen und etwa 15 Minuten lang köcheln lassen, mit Salz, Paprikapulver und/oder Cayennepfeffer abschmecken. Zuletzt durch ein Sieb streichen. Ist die Sauce noch zu flüssig, noch ein paar Minuten bei stärkerer Hitze einkochen lassen. Die Sauce sollte leicht dicklich sein.

Porreesauce

2–3 Portionen
1 Packung Rahmporree (TK-Ware, aufgetaut)
100 g Gorgonzola (oder nach Geschmack 1–2 Schmelzkäse-Ecken)
$^1/_2$ Tasse kochende Milch

- Den Porree pürieren und erhitzen. Den Käse in der Milch auflösen und unter die Porreemasse rühren.

Gorgonzola-Sauce

2–3 Portionen
1 Becher süße Sahne (ersatzweise Kaffeesahne oder eine Mischung von Kaffeesahne und süßer Sahne)
200 g junger Gorgonzola (oder Dolcelatte)
$^1/_2$ TL Paste „italienische Kräutermischung“ aus dem Glas
etwas weißer Pfeffer
1 Schuss Cognac oder Brandy

- Die Sahne im Topf erhitzen, etwas eindicken lassen, den in grobe Würfel geschnittenen Käse hineingeben, rühren, bis der Käse sich aufgelöst hat. Die grünen Partikel des Käses lösen sich nicht auf, man kann sie aber durch ein Sieb drücken oder die Sauce im Mixer pürieren. Mit Kräutermischung, Pfeffer und einem Schuss Cognac abschmecken.

Schmelzkäse-Sauce

2–3 Portionen
20 g Butter
20 g Mehl
3/8 l Brühe nach Wahl
2 Schmelzkäse-Ecken (à 62,5 g)

- Aus Butter, Mehl und Brühe eine weiße Sauce bereiten und den Schmelzkäse darin auflösen. Sie können sie zum Überbacken verwenden wie eine Velouté (s. S. 58) oder einfach als Sauce zu Gemüsen servieren.

Tomatensauce Bologneser Art

3–4 Portionen
1 kleine Zwiebel, fein gehackt
2 EL Öl
250–300 g Rinderhack (oder Rind und Schwein gemischt, sehr fein gehackt)
1–2 Knoblauchzehen, zerdrückt
300–400 g Tomatensauce aus Glas oder Packung nach Geschmack
1 Zucchino, sehr klein gewürfelt
1 Stängel Bleichsellerie, sehr klein gewürfelt
1 große feste, aromatische Tomate, gehäutet und klein geschnitten
Salz, Pfeffer,
Thymian, Oregano, fein gehackt

- Die Zwiebel im Öl andünsten. Hackfleich zugeben, fünf Minuten lang scharf anbraten, Knoblauch untermischen.
- Die Tomatensauce und die Gemüse zugeben und 15–20 Minuten lang köcheln lassen. Mit Salz, Pfeffer, Thymian und Oregano abschmecken. Je nach Kauvermögen die Sauce so lassen oder mit dem Pürierstab noch einmal fein zerkleinern.

Kokos-Ingwer-Erdnuss-Sauce

2 Portionen
1 kleine Zwiebel, gewürfelt
1–2 Knoblauchzehen, gewürfelt
1–2 EL Öl
2 aromatische Tomaten, grob geschnitten
1 walnussgroßes Stück frische Ingwerwurzel, gerieben
1 Tasse Kokoscreme (aus der Dose)
50 g Erdnüsse, pulverfein gemahlen
Harissa oder Cayennepfeffer
Salz

- Zwiebel und Knoblauch im Öl andünsten. Tomaten und Ingwer zuge-

Die Kokos-Ingwer-Erdnuss-Sauce passt sehr gut zu Fisch mit festem weißem Fleisch, also zu Heilbutt, Rotbarsch, Kabeljau etc., und zu allen daraus hergestellten Fischklößchen, die man durchaus auch direkt in der Sauce garen kann. Sie schmeckt auch zu Hühnerfleisch und zarten Fleischbällchen, und sie lässt sich gut einfrieren.

ben, kurz köcheln lassen. Die Kokoscreme mit knapp der gleichen Menge Wasser verdünnen und in die Pfanne geben, ebenso die gemahlenen Erdnüsse.

- Die Sauce portionsweise durch ein feines Sieb streichen. Sauce in die Pfanne zurückgeben, aufwallen lassen, mit Harissa oder Cayennepfeffer und Salz abschmecken.

Chinesische Würzsauce

1/4 l Wasser
1/4 l Sojasauce
1/8 l Reiswein oder trockener Sherry
1 walnussgroßes Stück frische Ingwerwurzel
1 ganzer Stern Sternanis (oder entsprechende Stücke)

- Alles zusammen in einen Topf geben, die Ingwerwurzel vorher schälen und in Scheiben schneiden. (Man kann auch eine in Sirup eingelegte Ingwerpflaume verwenden.) Erhitzen und einmal aufkochen lassen.
- In der Würzsauce kann man Fleischbällchen, Fisch oder Hühnerbrustfilet garen. Sie können auch hart gekochte Eier in angeknackster Schale mehrere Stunden lang darin marinieren. Wenn Sie sie dann schälen, haben die Eier eine zarte Marmorierung und einen leicht rauchigen Geschmack.

Würzsauce von schwarzen Oliven

2 EL Olivenöl
150 g schwarze Oliven (Gewicht ohne Kerne)
5–6 Sardellenfilets
1 große Zwiebel
2–3 Knoblauchzehen
5 große Buschtomaten
1/2 Glas trockener Rotwein

- Öl in einem Topf erhitzen, alle Zutaten grob zerkleinert hineingeben, Rotwein angießen, alles durchrühren und auf kleiner Flamme etwa 30 Minuten lang köcheln lassen.
- Ein Passiersieb über einen zweiten Topf hängen, das Oliven-Tomaten-Gemisch in das Sieb geben, so viel wie möglich von der Masse durchpassieren. Alles, was im Sieb hängen bleibt, wegwerfen.
- Die Sauce abschmecken und entweder gleich weiterverwenden (wie chinesische Würzsauce) oder aber in Eiswürfelbeutel füllen. Einzelne Würfel geben dunklen Saucen, aber auch Gemüsen einen pikanten Geschmack.